ヒット曲の
リズムの秘密

ドクター・キャピタル

Dr. Capital

インターナショナル新書　090

目次

第3章　リズムの生命力（LIFE）

第4章　リズムの魅力（APPEAL）

本書内で言及する楽曲の時間表記（〇分〇秒など）は、
Spotifyで配信されている音源を基にしています。

ドクター・キャピタルのユーチューブチャンネル
https://www.youtube.com/DrCapital

はじめに――すべての道はリズムに通ずる

まいど！　ドクターキャピタルです。音楽博士やさかいに、ドクターやねん。

僕は南カリフォルニア大学や北テキサス大学で音楽教授を務めるかたわら、２０１７年からユーチューブでギターを片手にＪ－ＰＯＰのすばらしさを紹介しています。動画だけでは伝えきれない、さらなる楽曲の魅力をより多くの皆さんに伝えたくて、本書を書くことに決めました。

僕は物心ついた時から音楽を聴くことが大好きでしたが、幼少期には一切、楽器演奏のレッスンを受けていませんでした。僕が6歳くらいの頃、ある日突然、父が仕事の報酬としてグランドピアノをもらってきて、それが家に置いてありました。そのピアノを母が年に1度か2度弾いたり、家に遊びに来たお客さんが弾いたりするのを見て、漠然と「いいな」と感じていました。

音楽家の道を歩み始めたのはその数年後、僕が10～11歳の時、小学校4～5年生ですね。生まれ育ったオレゴン州ポートランドから、父の仕事の関係で引っ越して、カリフォルニア州ロサンゼルス近郊のパサデナにその2年間だけ住んでいました。そこで僕の人生を変えた2つの経験があり、初めて音楽の感動を体の隅々で味わったことによって、ミュージシャンになることを決意したのです。

一つ目はロサンゼルスにある伝説的な野外音楽堂ハリウッド・ボウルへ、家族でクラシック音楽のコンサートを聴きに出かけたときのことでした。当時家の中でよく流れていたのは両親の好きなロックミュージックだったので、その頃の僕にクラシック音楽の知識はとくにありませんでした。それでも、ベンチに横になって夏の星空を眺めながら聴いたロサンゼルス・フィルハーモニックの奏でるシンフォニーに深く感動したのです。自分が音楽の中に吸い込まれているかのように、その表現力を身体中に感じていました。曲名や作曲家の名前は覚えていませんが、その夜の感動は今でもはっきりと覚えています。

二つ目は映画『バック・トゥ・ザ・フューチャー』を観たときでした。これは今の僕のシンボルマークと言える、ギターとの出会いでもあります。主人公のマーティを演じるマイケル・J・フォックスが〈ジョニー・B・グッド〉を演奏するシーンを観て、あまりの格好良さに衝撃を受けました。彼が我を忘れたように音楽に入り込んでいる様子に大いに共感し、ギターを始めずにはいられなくなったのです。楽器店で当時60ドルくらいの安いギターを見つけて、お小遣いの中から毎月5〜10ドルずつを店に預かってもらい、最後はサプライズとして両親が残金を支払って、クリスマスツリーの下に置いてくれました。

そしてパサデナのコミュニティセンターでロックギターのグループレッスンに通い始め、最初に覚えたギターリフはディープ・パープルの〈スモーク・オン・ザ・ウォーター〉でした。ほかにも、レッド・ツェッペリンやエリック・クラプトンといったクラシックロックのリフを学びました。レッスンを受け持つ先生は、1日目から「僕にも弾けてる！」という感覚を与えてくれて、いまだに感謝しています。今振り返ってみてもリフを弾いてその喜びを知ることから始めたのがとても良かったと思っていて、僕もギターを教えるときはまずリフから入ることにしています。

そんな中、最初に買ったアルバムは、ロッド・スチュワートのヒット曲〈おまえにヒート・アップ（インファチュエーション）〉が入っていた『カムフラージュ』のカセットテープでした。次はダリル・ホール＆ジョン・オーツの『ビッグ・バン・ブーム』でした。その後すぐ学校でタレントショー（日本における学芸会）があると聞いて、そのアルバムに収録されていた〈アウト・オブ・タッチ〉の演奏で参加しようと楽器店で楽譜を買いました。しかしギターを手に入れたばかりの僕には難しすぎて、結局は友達のジェイソンと「1、2、3、4！」と力強くカウントした後に2人でヘッドバンギングをしたり、激しく踊ったりして、演奏するフリをしながら一切音を出さないコントにしたのです。観ていた人たちは驚き、会場は沈黙に包まれましたが、それが数秒すると客席から笑い声が上がり始めました。1分ほどの初ライブで、最終的に爆笑と拍手喝采を浴びたのはええ思い出です。

小学6年生の時に家族でオレゴン州に戻った後、初めてのロックコンサートは母と2人で行ったヴァン・ヘイレンでした。ロックのパワーとエドワード・ヴァン・ヘイレンのすばらしいギタープレイに圧倒され、ハリウッド・ボウルでの夜と同様、また深い感動を覚えました。次の月には『バック・トゥ・ザ・フューチャー』の主題歌も歌っていたヒューイ・ルイス&ザ・ニュースのコンサートに行くなど、すっかりライブを観ることに熱中して、高校卒業までポートランドのライブ会場でいくつものロック、メタルの伝説的なバンドのコンサートに足を運びました。メタリカ、ジューダス・プリースト、AC／DC、スコーピオンズ、メガデス、オジー・オズボーン、アンスラックス、テスタメント、プライマス、アリス・イン・チェインズ、レイジ・アゲインスト・ザ・マシーン、エリック・ジョンソン、ジョー・サトリアーニ、スティングなど、名だたるアーティストたちに次々と圧倒されながら、音楽に対する想いが熱くなっていきました。

その当時流行していたロックやメタルだけではなく、ビートルズとジェイムス・テイラーも大好きでしたし、カントリーやポップスなど、さまざまなジャンルの音楽をたくさん聴いていました。

ジャズはビル・フリゼールが一番好きでした。13歳からクラシックギターも習い始め、とくに高校時代からはガット弦の純粋な音色に魅了されました。その中でバッハ、エイトル・ヴィラ＝ロボス、アルベニスなど、天才と呼ばれる作曲家の美しい音の世界にものめり込んでいきました。フランク・ザッパを愛聴するようになった影響で、20世紀のクラシック音楽まで幅広く聴いていました。とくにアントン・ヴェーベルン、イーゴリ・ストラヴィンスキー、カールハインツ・シュトックハウゼン、オリヴィエ・メシアン、ジョン・ケージとスティーヴ・ライヒが好きでした。

こうしてさまざまなジャンルを聴いたり弾いたりしていましたが、僕にとって、すべての音楽はひとつのものでした。最初からそう感じていたわけではありませんが、高校生活の後半で音楽理論の勉強を始め、少しずつ、具体的に音楽表現の仕組みが把握できるようになっていったのです。僕が音楽理論を愛するようになったのはここからでした。

J-POPとの出会い

そのように幅広く、あらゆるジャンルの音楽と接する中で、J-POPを聴くようになったのは日本人の留学生がきっかけでした。両親が僕と妹に若い頃から国際的な経験をさせたいと考えて、オレゴンの実家では色々な国から学生のホームステイを受け入れていたのですが、僕が中学生の頃に初めて日本からの留学生がやってきました。とてもフレンドリーで素敵なお土産《みやげ》もくれて、第一印象は抜群に良かったです（笑）。彼とはあまり言葉が通じなかったのですが、自然に気が合う感じがして、すぐに仲良くなりました。彼が日本に帰ってしまった後、家族全員で寂しくなってしまい、「来年も日本人の留学生を受け入れよう！」と、結局僕が高校を卒業するまでに連続で5人も日本人の留学生を迎え入れてしまったほどです。彼らは皆僕より年上で、僕にとっては格好良いお兄さんやお姉さんのように感じて、憧れていたのです。

その中の1人が持ってきてくれたお土産の中に、THE BLUE HEARTSや聖飢魔Ⅱ《せいきまつ》のカセットテープがあって、それはもう印象的でした。とくに聖飢魔Ⅱは歌詞の中に英語と日本語が混ざっているのが新鮮で、面白かったです。英語に挟まれた日本語の意味が気になったし、憧れていた日本人の留学生とより深いコミュニケーションを取りたいという思いから、高校で日本語のクラスを選択しました。その後大学でも日本語の勉強を続けて、3年生のときに日本に留学した折には、僕の実家に1年ほどホームステイしていた人の家族が逆にホストファミリーになってくれました！　早稲田大学の国際部で午前中は日本語の勉強を集中的にして、午後からは英語で日本の文学、美術や音楽を学び、授業の後は毎日のように友達と東京のあちこちを探検しました。毎日が勉強と冒険で埋め尽くされた、非常に充実した日々を送っていました。

もちろん数多くの新しい音楽との出会いもありました。友達にRCサクセションのCDを借りてからはすっかり熱中してしまい、HMVやタワーレコード、中古のCDショップなどを巡っては、一目散に忌野清志郎《いまわのきよしろう》関連のCDを探すようになりました。彼のRCサクセション以外のバンド作品（忌野清志郎&2・3's、やザ・タイマーズ）やソロプロジェクトのアルバムも何枚も買ってリピート再生で聴いていました。ソロライブを中野サンプラザで観られたのが最高にうれしかったです。

THE BOOMとピチカート・ファイヴの大ファンにもなって、彼らのCDもたくさん買いました。あらゆるサブジャンルのJ-POPの奥深さに感激しながら、日本の音楽マニアになっていったのです。1996年当時、テレビやラジオで聴くスピッツやMr.Children、安室奈美恵、ウルフルズ、小室ファミリーの面々といったアーティストも好んで聴いていました。その一方で美術の先生の紹介でお琴と三味線《しゃみせん》のレッスンを受けていたほか、日本音楽の先生の紹介で尺八のレッスンも受けて、日本の伝統音楽にも入れ込んでいました。

多くの音楽に触れるたびに、こんなにも個性的なアーティストがたくさんいて、ジャンルが無数に細かく分けられていて、古い音楽も流行の音楽もあって、それぞれが本当にバラエティに富んでいるのに、どの音楽もやはりひとつのものなのだ、とつくづく感じていました。ビートルズでもメタリカでも安室奈美恵でも、果ては明治生まれの箏《そう》曲家、宮城道雄でも同じように感動をもたらしてくれるのです。

一見相違点が多くあるように思われるこれらのアーティストの楽曲ですが、音楽の仕組みをしっかり見ていくと、実は共通点のほうが圧倒的に多いのです。メロディに使うスケール（音階）の音が2つか3つ違っていても、大部分の音は共通していて、メロディの基本的な表現の仕組みはどのアーティストの曲でも同じです。

1曲に使われるコードも、構成音が2つだけのロックコードもあれば構成音が7つもあるジャズコードもあり、ジャンルによってコードの数が多かったり少なかったりして、異なる表現ニュアンスは複数ありますが、無数というほどではありません。ジャンルが違っても「実は基本的なコード進行は同じ」ということがよくあります。

そして何より、リズムに関する共通点が多いと感じました。多様なジャンル、それぞれの時代、さまざまな国や地域の違いがあっても、「ノリがいい」と思える原因を分析していくと、共通点が見つかったのです。速いテンポで盛り上がったり、ゆっくりなテンポで落ち着いたり、基本となる表現性はどの音楽でも同様でした。基本のビートを感じる中で、歌や伴奏のリズムが4分音符だったり8分音符だったりして、細かい表現テクニックもほぼ同じであるということに気づきました。

日本人ヒップホップMCとの邂逅

歌のリズムを楽曲の中心にするジャンルの代表格にはヒップホップがありますが、僕がカリフォルニア大学バークレー校で大学院に通っている時に出会った日本人ヒップホップMCのShing02《シンゴッー》にもたくさんの影響を受けました。僕はJ-POPの研究を続けながら、ギタリスト兼レコーディングエンジニアとしてShing02と一緒に音楽制作をしていました。

彼はラップのリズム作りが上手なだけではなく、詞ももちろんすばらしいし、ビート制作など曲作りが非常にクリエイティヴでカッコよくて、絵やデザインでも才能を発揮する総合的なアーティストです。ともに活動していた数年間、２人で音楽に対する考え方を深めたり、哲学的な話を重ねて、彼のおかげで僕は「自分もアーティストの１人なんだ」と思うようになりました。彼と最初に制作した作品『PEARL HARBOR / JAPONICA』では、僕は本名のJonathan Pattersonでクレジットされていましたが、次に出したアルバム『緑黄色人種』ではCapitalと名乗るようになりました。

『緑黄色人種』は僕の部屋で、ほとんどパソコン１台で録音したものです（笑）。一緒に活動していたDJ NOZAWAのジャグリングやスクラッチの技術は抜きんでていて、この一連のプロジェクトでたくさんのすばらしい日本の若い才能とコラボレーションできたことは、芸術、音楽だけでなく人生の勉強になりました。

そうや、「勉強」で思い出しました。大学院の勉強もちゃんとやらなあかんかったし、ほんまに忙しかったけど、バタバタしながらも、この経験は無茶苦茶楽しくていい思い出です。Shing02のバンドにギタリストとして参加して日本でコンサートツアーも回り、FUJI ROCK FESTIVAL '00にも出演し、曲によってはバックボーカルも歌わせてもらうなど、何から何まで本当に貴重な経験でした。

その間、バークレーでJ‐POPの専門家として民族音楽学の修士を取得し、1997年の後半から2004年頃までサンフランシスコ周辺に住んでロックバンドで活動していました。その時にブラジル音楽を愛するドラマーに出会って、ボサノバを聴くようになったんです。クラシックギターを学んでいた高校時代、すでにブラジルでは紙幣や切手の肖像になったことがあるくらい有名な作曲家のエイトル・ヴィラ＝ロボスの曲を演奏していたのですが、その当時はブラジル音楽に触れているという意識がありませんでした。20代後半になって、ブラジル音楽の魅力に目覚めたんですね。

ブラジル音楽の魅力のひとつは、シンプルに聴こえて歌いやすく、キャッチーなメロディに非常に美しいジャズコードが乗ることにあります。その影響で自作曲やギタープレイにもジャズコードを多く活用するようになりました。それだけではなく、リズムも格好良く、仕組みが凝っていて、リスナーをリズムに乗せる力に衝撃を受けました。

ピックを使ったロックギターの多くはコードを鳴らすのに何本かの弦を同時にジャラーンと弾くことが多いわけですが、ブラジル音楽のギターでは、弦を弾《はじ》く親指がベースラインの役割を果たしながら、残りの指がコードやメロディ（もしくは両方）を刻みます。ベースとコードが別々に鳴るから、1人で演奏していても充実したグルーヴが生まれるんです。いわゆるボサノバギターを弾けるようになるまで相当練習しましたが、一度慣れたらこれがあまりにも楽しすぎて、J-POPのカバーでも自分のオリジナル曲でもこのスタイルでよく弾いています。とくに印象的だったのは、日本のライブハウスでのDJイベントに弾き語りで出演したとき、1人でサンバの曲を弾き始めたら、フロア一杯のお客さんたちが全員踊り出した経験です。音が大きいからノリがいいとか、ドラムに迫力があってノリがいいとかではなくて、「ガット弦のギター1本でもリズムの仕組みによってリスナーは身体全体でリズムに乗るんだ！」という目から鱗《うろこ》の発見でした。

このようにさまざまなジャンルの音楽を学んだり、演奏したり、作曲したりしてきたわけやけど、そのおかげでいろいろな切り口から日本の音楽の解釈ができるようになったと思っています。

僕の演奏で先生の顔が輝く

本書の目的は、「音楽の『正しい』聴き方を伝授しましょう！」というものではありません。皆さんはすでに、ご自身ならではの音楽の聴き方や楽しみ方を知っているはずです。

ましてや、万人に共通する正しい聴き方なんていうものはこの世に存在しないはずです。純粋に、皆さんに今まで以上に音楽を楽しんでもらいたいという気持ちから執筆を始めました。

僕自身、音楽と親密な関係を持ち続けて数十年が経ちます。その間にも聴き方、楽しみ方、感動のかたちに何度も変化がありました。時間を経るごとに明確に、色鮮やかに音楽を捉えることができていると思います。音の表現性に敏感になった現在は、音楽に触れた時の感動の幅が広がったとも感じています。

音楽について学校で学んだり、練習したり、ライブで演奏したり、作曲したり、僕は今までさまざまなシチュエーションで音楽に接するたびに、その仕組みが少しずつわかってきました。とくに作曲は、音でなにかを表現するために試行錯誤する作業ですので、音楽の構造に対する理解が非常に深まります。それを繰り返してきた結果、他人の音楽を聴くときに、微細な表現にも敏感になりました。

また、たくさんのすばらしい先生たちとの出会いにも恵まれていました。目から鱗のレッスンを受けることもありましたし、先生たちの言葉に圧倒されて、音楽に対する思いや感じ方が180度変わったことがあります。

高校時代の夏、「ナショナル・ギター・サマー・ワークショップ」というイベントに参加して、作曲家兼ギタリストのアダム・レヴィ先生にジャズギターを教わったことがあります。彼はノラ・ジョーンズのバンドのギタリストとして活躍し、大ヒット曲〈ドント・ノー・ホワイ〉などで彼のギタープレイを聴くことができます。

その頃の僕にはジャズギターを弾く技術がなく、授業初日に「僕はジャズが弾けません」と正直に伝えました。すると先生から「使う音はドとミとラの3つだけでいいから」と言われ、いきなりセッションの中に放り込まれました。心の準備をする暇はなく、とりあえず弾かなあかん雰囲気でしたから、無理矢理ギターに指を走らせました。今思い出してもすばらしい演奏とは言えないものでしたが、レヴィ先生の顔色をうかがうと、僕が鳴らす音の一つひとつを感じとってくれていることがわかりました。

僕の単純で稚拙な演奏に苦い顔をしたり、深刻な顔になることはなく、彼は喜び、感動してくれたのです。「鳴らす音を変えるたびに先生の表情が変わる」「音楽が人の心を動かしている」と、ギターを演奏する自分の指を見ながら、音が持つ一つひとつの力に気づいたのです。いまでも忘れられない、僕の音楽人生がぐるっと変わった瞬間です。

内から出る「本音の表現」

レヴィ先生との出会いから20年以上経った後、僕は南カリフォルニア大学で音楽理論の教授として、生徒に音楽を教える立場となりました。

とある夏、「カリフォルニア・ブラジル・キャンプ」というミュージックセミナーに、初心者から中級者向けのボサノバギターの講師として参加しました。自由時間もたくさんあり、教える側になったからこそ知見を広げたいという思いもあって、生徒として上級者向けのクラスを受講することにしました。

そこで待ち受けていたのは、ブラジルから来ていたマルクス・タルデッリ先生。彼の前でギターを弾くと、「その出だしのメロディは美しいし、あなたは完璧に弾いている。けれど、そのメロディの弾き方はあなたの本音ではないように感じます。あなたの心は、そのメロディにわずかな違和感を持っているのではないでしょうか。『本音の表現』を探してみましょう」というコメントをもらって、僕は心底驚きました。

タルデッリ先生に会う前から自分らしい作曲や演奏はできていましたが、その出来にはばらつきがありました。「今日のライブの演奏は自分らしさを１００％出せて、最高に気持ち良かった」という日もあれば、「今日の演奏はまあまあ良かったけれど、うまく表現できていない部分もあって残念だった」という日もあったのです。

暗譜した曲を楽器で演奏するためには、感情以外にも知識や記憶、集中力、さらには筋肉と神経を駆使した身体的な技術が必要です。言い換えれば、頭がコンピューターとして働き、手がマシーンとして動くことに等しいのです。楽器を弾いているとき、頭と手と心と魂が、連携して演奏しています。

タルデッリ先生と出会う前の「だいたい気持ちよく演奏できた」という感覚は、脳と手から離れて心と魂だけで演奏したということでした。たとえるなら、指示を出すコンピューターと作業をするマシーンが自動的に動いている状態であり、感情だけで演奏したということです。タルデッリ先生の前で弾いた曲は弾き慣れたものだったので、いつも通り楽しく演奏できましたし、頭と手と心と魂が協力し合って、概ね満足のいく演奏でした。しかし、その演奏の中のワンフレーズをタルデッリ先生は見逃さず、ピンポイントに指摘したのです。「そのメロディの弾き方は、あなたの本音ではないような気がする」という非常に細かい、高次元のコメントがそれを物語っていました。

タルデッリ先生の指摘を受けて、「これでどうだろうか……」と自分の心に問いかけつつ、リズムや弾き方を変えたりしながら、その場で本音の表現を探しました。しばらくして、タルデッリ先生が「一度ギターを置いてみましょう。今度は感情をこめて歌ってみて」と言いました。言われた通りにしてみると、「それだよ！　それこそがあなたの本音！　ギターで弾いている音と全然違って聴こえます。今度はその歌い方に合わせてギターを鳴らしてみましょう」と言ってくれました。それを何度か繰り返すうちに、歌とギターの音が完全に融合するのを感じました。さらに「今度は歌うのをやめて、ギターだけの演奏に戻ってみましょう」と先生に言われ、改めてそうしてみたところ、それまでとはまったく違う世界が広がっていました。

最終的に、「僕自身が音になった」という感覚を得ました。頭と手と心と魂、すべてから離れて、僕の意識は音の中に入り込んでいったのです。そのときの周囲の見え方は、普段のように演奏する自分の指を見下ろしたり、部屋にいる人々を見渡すのとはまったく違うものでした。「指とギターの弦が触れる接点から周りの世界を見ている」とでも言うべき感覚で、まるで音の中から周りを見ているようでした。

そうして見える世界はものすごく鮮やかで、その状態には安定感もありました。突然集中力が途切れて、その感覚が失われるというおそれはなかったのです。そのままずっと「音になっている」状態を保つことができるという確信がありました。それは、禅の精神で言うところの「無我」のようなすばらしい一体感でした。タルデッリ先生が放った一つひとつの言葉、そのタイミングと間、声の大きさとイントネーションなどが、僕を新たな感覚へと丁寧に導いてくれました。このときまた、僕の音楽人生は大きく変わったのです。

レヴィ先生には一つひとつの音の表現を教わり、タルデッリ先生には自分の身体の内側から生まれる「本音の表現」を教わりました。この2人の先生から教わったことが組み合わさって、今の僕に備わっている感覚に大きく影響しています。

その学びの重要なポイントは、音楽に対して「無我」になるということです。エゴや、失敗したら恥ずかしいという雑念を捨てて、全身で音楽を受け入れて一体化するということ──2人の先生のおかげで、自分も聴く人も心を動かされる音をどうしたら表現できるかが、より明確に見えるようになりました。

僕が本を書こうと思ったわけ

僕の音楽の聴き方に大きな変化をもたらしたのは、大学で音楽理論と耳のトレーニングを教えた経験です。

好きな音楽を聴いたり、弾きたいと思った曲を練習したり、興味を持った音楽について調べたりするのは誰にとってもごく自然なことで、その理由を深く考える機会はそうそうありません。朝ごはんを食べながら「ビル・エヴァンスが聴きたいな」と思ったとして、「なぜそう思ったの？」と心の声が尋ねてくることはありませんよね。もし誰かに尋ねられたとしても、答えは「単に聴きたいねんからほっといてや！」となるでしょう。しかし音楽の授業で何かしらの指導をするとなれば、生徒たちはつねに「なぜですか？」と質問を投げかけてきます。教える側は、その疑問に一緒に取り組まねばなりません。

僕の授業方針は、学びとは「先生の言ったことを覚える」ことではなくて、「新しい知識を実感する」ことです。実感がなければ、授業で語られた知識が教室を出た後に思い出されることはないでしょう。僕は生徒たちに真実を授けるのではなく、彼らに新しいことを実感してもらうことを心がけています。

僕が「このコードは美しいのです！」と教えて、生徒たちが「なるほど。このコードは美しいと覚えておこう」と僕の言葉を信じても、それは何の学びにもなっていません。「このコードの響きはどう感じる？」と僕が尋ねて、生徒たちがみずから「美しい」と感じたり、場合によっては「せつない」「明るい」「重い」と実感することからすべては始まります。教える側としては、生徒たちの「なぜ？」という疑問に対して、説得力のある実感方法を編み出さなければなりません。そう考えた僕の音楽理論の授業は、実感方法を考えることに準備の9割ほどを費やしました。その中で音楽表現の仕組みを徹底的に研究した結果、今の僕の音楽の聴き方、楽しみ方が充実してきました。

言うまでもないことですが、僕より音楽に詳しい人たちも大勢います。当然、僕の音楽の感じ方も変化し続けていくはずなので、「この本を読めば音楽のすべてがわかる！」なんて偉そうなことは言いません。本書でなによりも実現したいのは、僕が今まで把握した音楽表現の仕組みとその力を、読者の皆さんに実感してもらうことです。この本に書いてあることを鵜呑《うの》みにするのではなく、実際に音楽を聴きながら実感してもらうこと、とも言えます。

読者の皆さんの中には、詳しいとは言えないけれど音楽好きという人、とても音楽に詳しいと自負する人、あるいは自分で曲を作っている人などがいて、それぞれ音楽との接し方が違うと思います。ただ、どんな人にとっても、「音楽の表現力に敏感になるといいことばかり」ということは間違いなく言えます。リスナーも、クリエイターも、音楽との関係が深まれば、好きなアーティストの本音の表現をもっと摑み取れるようになるでしょう。それがより充実した感動を生むことにつながりますし、ご自身が作曲や演奏をするときには、理想的な表現に近づくことができるはずです。

すべての道はリズムに通ずる

「音楽の3要素とは、リズム、メロディ、ハーモニーである」とされています。それらが総合的に解説されている本を読んでみると、メロディやハーモニーに比べて、リズムの説明にページ数が割かれていないこともしばしばです。

また、譜面での説明が中心になっていて、リズムの仕組みは説明してくれても、表現性について深く掘り下げたものは少ない印象です。リズムについて解説する音楽評論家やユーチューバーでも、「こういうリズムはファンキーです!」とか「このリズムはノリが良いですね」といった曖昧な説明をよく見かけます。もちろん、それも悪いことではありません。リズムはそれくらい言葉にすることが難しいのです。

そして実は、メロディやハーモニーもリズム無くしては存在し得ないものです。音そのものがどう聴こえるかは、周波数という繰り返す振動の波のようなもので決まります。その音波がゆっくりとしたリズムを刻んでいれば低い音になり、速いリズムを刻めば高い音になります。それら単音の時間的な動きがメロディであり、単音の縦の重なりがハーモニーなのです。

リズム、メロディ、ハーモニーのすべてがすばらしい役割を担っているので、どれが一番重要か、という議論はしたくありません。しかし、リズムがないことには音楽が存在しないのです。

世界中のリスナーが、いかにリズムに心を動かされているかを見ても、この事実は揺るぎないことです。日本にはめでたいときにする万歳三唱や、運動会の応援などで聞く三三七拍子という伝統のリズムがありますが、これらには大勢の人の心を動かして、気持ちをひとつにまとめる力があります。ブラジルのサンバカーニバルでも、太鼓をはじめとした打楽器のみのパレードが街を興奮の渦に巻き込みます。クイーンの〈ウィ・ウィル・ロック・ユー〉のイントロは手拍子と足踏みだけですが、それを聴いただけで体が動き出す人も多く、音楽史に名を刻む大ヒットとなりました。さらに、僕のユーチューブチャンネルでも、最初にヒットした動画はPerfume〈ポリリズム〉のリズム解説でした。このようにリズムに心を動かされる例は、枚挙にいとまがありません。

本書のトリセツ

音楽理論に関する知識がゼロ、あるいは楽器を触ったことがないという方にも理解できるように心がけて本書を書きました。ただひとつ、音楽を聴きながら読み進めていただければ本望です。たとえば僕が「〇〇という曲の冒頭ではドラムがどうのこうの……」と書いていたら、ぜひその曲をユーチューブや音楽ストリーミングサービスで検索して、本の内容を確認しながら聴いてみることをお勧めします。「よく知っている曲だし、聴かなくてもだいたい想像できる」というときも、原曲を聴いて実感を深めてほしいと思っています。

文章を最後まで一気に読んでしまうより、じっくりと読んで、曲を聴いて、また読んで、また聴いて、という読み方をしてもらえたらうれしいです。リズムの表現効果を実感してもらうために、手拍子や足踏みによるエクササイズもありますが、これも読んで想像するだけではなく、ぜひ実際にやってみてください。電車で読んでいる方は指先で小さくリズムを取ってみてください。簡単なリズムでも、実際にやってみるのと想像するのとではまったく違う感触がありますし、もし、そのエクササイズをうまくできないと感じたらそれはチャンスです。簡単だと思えるリズムでも、安定と不安定の組み合わせでできているので、「難しい」と実感できたということはリズムの本質に1歩近づいたと言えます。

音楽の旅に出かけよう

僕がユーチューブで動画の配信を始めたのは、2011年。大学で教鞭を執るかたわら、ミュージシャンとして活動するという二足の草鞋《わらじ》を履いていました。当初は、自身の音楽活動のプロモーションになればいいなという思いと、音楽についての楽しい知識を広げたいという思いから、ギターレッスンの動画などを時々更新するようになりました。現在のように本格的に発信するようになったきっかけは、アンジェラ・アキさんが僕の大学のクラスを受講したことです。彼女は、「あなたの音楽理論の授業はすばらしいから、もっとたくさんの人に教えるべきよ」と言ってくれました。その気になった僕は、まずライブのMCで演奏する曲の解説をするようにしました。「次の曲は、このコードに注目しながら聴いてください」というように。

そこで僕のアーティストとしての音楽活動の道と、教授としての音楽教育の道がひとつに重なったように感じました。音楽を演奏することも好きだし、音楽を教えることも好きだから、その両方を世界中の人に向けて発信したい。いつもライブで解説しながら演奏していたPerfume〈ポリリズム〉についてのユーチューブ動画を2017年にアップしたところ、再生数が爆発的に増えて、新たな道が拓けたことを実感しました。

せや、大事なことを言い忘れました。この本では便宜的に「J-POP」という言葉を使っているんやけど、歌謡曲やポップス、ロックなどを含むすべての日本の大衆音楽について触れています。そんなJ-POPの魅力を多くの人に知ってもらうと同時に、演奏する楽しさや作曲する楽しさについても伝えていきたいと思っています。

ぜひ、本書を通して音楽のすばらしさに触れる旅を楽しんでください。ほないきましょか！

第1章　ヒット曲が持つ「4つの条件」

そもそも「ヒット曲」ってなんやねん

「ヒット曲」の基準と、その定義とはどういうものなのでしょうか？　楽曲がヒットするかどうかは、単純にいえば「大勢の人がその音源を繰り返し何度も聴きたくなるかどうか」にかかっています。言い換えれば「ヒット曲は再生数によって認定」されます。

レコードやＣＤのほか、ユーチューブやSpotify、Amazon Musicといったサブスクリプションサービスなど、今日選べる音楽メディアはよりどりみどりです。こうしたリスナーを囲む環境の変化にともない、今後10～30分間の長さを持つヒット曲が生まれる時代が来る可能性も否定はできません。しかし、それだけ長い曲を集中して聴くことのできる人がどれだけいるでしょうか？

以前からポップミュージックのヒット曲を生み出すメディアの中心は、つねにラジオやテレビでした。ラジオ業界のビジネス事情や慣例では、ラジオで曲を流す際に1曲に与えられる時間は2分30秒から長くても5分ほどです。テレビの音楽番組の場合も同じくらいか、もしくはもう少し短いアレンジが要求されます。番組のテーマ曲なら冒頭かエンディングに長くても90秒程度しか流れないことがほとんどです。ＣＭソングとなれば、さらに短く15秒、30秒程度です。

また、リスナーは今聴いている曲をつまらないと感じたらすぐにほかの曲に変えることができます。インターネットが普及する以前の時代においても、ラジオやテレビのチャンネルを変えることは簡単なことでした。

要するに「ヒット曲」となる作品は、1時間に及ぶクラシックの交響曲や12分間の即興ジャズではなく、2分30秒〜5分程度で全編を通して聴くことのできる曲、さらには30秒から1分程度聴くだけでも、その曲の持ち味が充分に味わえる楽曲ということになります。

メジャーなレコード会社の宣伝力がリリース直後の再生数に影響を与えることももちろんありますが、僕がこの本でお話ししたいのは、「ビジネス戦略によって作られた再生数」ではなく、「リスナーの選択による再生数」、すなわち楽曲の持つ「音楽の力」によるヒット曲についてです。

最初の数秒で人々の注意を引きつけ、3分間聴き続けても飽きさせない。聴き終わってからもまた聴きたいと思わせる。ダウンロードしたり、レコードショップに行ってシングルやアルバムを買ったりしたくなる。そのように大勢の人が何度も繰り返し聴きたいと感じる曲、それがヒット曲です。

なぜ僕たちはチャンネルを途中で変えないのだろう？　なぜ何度も聴きたくなるのだ

う？　なぜお金を払ってまでその曲を聴きたいと思うのだろう？

そんな疑問にお答えするべく、この章ではヒット曲が持つ力についてご紹介しましょう。これを知れば、何度も聴いたお気に入りの曲の新たな特長を発見できるはずです！

ヒット曲が持つ「4つの条件」

ここまで「ヒット曲」という言葉の概念の話をしましたが、ヒット曲の音楽的な内容はどうなっているのでしょう？　僕は今までたくさんのヒット曲の演奏や分析をしてきました。多種多様なジャンル、色々な国や地域、さまざまな時代のヒット曲の音楽には、数えきれないほどのバリエーションがあります。今日も、明日も、明後日も、天才的なソングライターたちが新しい音色、メロディ、ハーモニーやリズムをどんどん発明し続けているので、ヒット曲の音楽的な内容は無限にあります。

でも、大勢のリスナーたちの心を動かすことができる表現力の要素には、ジャンルや国、時代を越える共通点もあるのです。その共通の要素とは、「同じスケールを使っている」とか「似たリズムを刻んでいる」といったように、単にすべてのヒットメーカーたちが同じ音を使っているということではありません。スケールやリズムやコード進行が似ているヒット曲もたくさんあるのですが、それよりもっと大きな意味での共通点があります。

もちろん僕はすべてのヒット曲を聴いたことはありませんが、それでも自信を持って次のように言えます。Ｊ－ＰＯＰも含め、ジャンル、国、時代と関係なく、大勢のリスナーたちに愛されるヒット曲の音楽は、ある４つの条件を満たしています。その条件とは生命力（LIFE）、魅力（APPEAL）、一体感（IMMERSION）、恩恵（REWARD）のことです。

驚きましたでしょうか？　音楽の仕組みの話をするのに、音楽用語ではなく、きわめて一般的な概念を並べているだけに見えるかもしれません。単語のチョイスも意外だと思われるかもしれません。魅力的な音楽は想像できるけど、生命力や一体感、恩恵のある音楽とはどういう意味なのか、具体的に想像しにくいかもしれませんね。ご心配なく、本書でその具体的な意味を徹底的に探っていきます！

生命力、魅力、一体感、恩恵——それぞれの効果をもたらす作曲や演奏のテクニックがあります。人々に愛されるヒット曲は、これらのテクニックを使って４つの条件を満たしているのです。

ヒット曲の生命力（LIFE）

世の中には生物と無生物が存在します。たとえば野生のライオンは生物で、ライオンの形をしている石像は無生物です。同じ形をしていても、かなりの違いがあります。石像と違って実物のライオンは自らの意志で動きます。僕たちが野生のライオンと一緒に狭い部屋に閉じ込められたら、ライオンの動きを絶えず気にするはずです。吠えるのか、昼寝するのか、攻撃してくるのか、予想ができずに、目を離さずに様子を窺うでしょう。しかし、ライオンの石像と同じ空間にいるとしたら、最初は気になるかもしれませんが、「これは無生物だ」と判断できた時点で心配はなくなります。石像に背を向けてもいいし、スマートフォンを出してゲームをしたり、ほかのことに集中してもいいし、眠くなったらその足元で布団を敷いて昼寝もできそうです。

つねに危険と隣り合わせの自然環境で進化してきたわれわれ人類は、生き物っぽい存在感に反射的に注意を引かれます。しかし、「生物かもしれない」と感じた対象に一度注意を引かれたとしても、それが無生物だと判断した後は「気にしなくても大丈夫」と確信して、周囲の新たな変化に意識を向けることができます。

その周囲の変化には音も含まれます。僕はよく大阪市内の淀川河川公園に行くんやけど、座ってギターを弾いたり、ピクニックをしたり、本を読んだりしながら、周りにはたくさんの音が鳴っています。川や風の音もつねに聞こえますが、まったく気になりませんし基本的に意識もしていません。たまに電車が通ると、その音の方が大きいし、自動的に電車の音の方を気にします。でも、ライオンと違って電車やし、線路も見えているし、僕にとっては危険性がまったくないので、気にする必要はありません。

しばらくそこに留まって、電車が何度か通過するうちに、電車の音もまったく気にならなくなって、意識すらしなくなることがよくあります。ピクニックやギターの練習に集中することもできます。しかし突然、僕の真後ろで「ポキッ」という音が大きく鳴ったら、とっさに振り向いて、人か動物がいないか間違いなく確認するでしょう。生き物の気配を持つ音の変化に、僕たちは自動的に耳を傾けます。

音楽にも生き物らしさのある表現と、そうではない表現があります。たとえばひとつのコードの上でメロディが「ドレドレドレドレ……」と同じ音量と音色で、完全に均一なリズムでコピー&ペーストされて、一切の変化なしに繰り返される表現は、悪いとはまったく思いませんが、あまり生き物の気配がしない表現だと思います。リスナーが最初に耳にしたときには注意を引かれるかもしれませんが、変化のない繰り返しがしばらく続くと、さきほどの河川公園の電車の音のように注目の優先順位が低い音として判断されるでしょう。しかし、意識して聴かなくなったときに突然リズムやコード、音色、音量、メロディが意外な音に変化すると、背後で「ポキッ」と音がする例のように、その音楽に反射的にリスナーの注目を引く効果が生まれます。僕たちは生命力のあるサウンドが自然と気になって、様子を確かめるために耳を傾けるのです。ヒット曲はまずリスナーの注意を引くことが大事なので、音楽の要素にはこうした生命力が必要です。

「それって、エレクトロニック・ミュージックやデジタルの楽器を否定しているの!?」という声が聞こえてきそうですが、いいえ、まったくそういう意味ちゃうからご安心を! たしかに生の歌声やアコースティックの楽器で作る音楽には生命力を感じます。聴くからに生き物である誰かが演奏したり歌ったりしていそうですし、同じフレーズを繰り返しても完璧なコピー&ペーストにはならず、自然と微妙なバリエーションが次々と生まれます。これはまさに生きたサウンドです。

一方、打ち込みのベースやドラムだけが「ドン、ドン、ドン、ドン、ドン……」と、完全に均一なリズムかつ同じ音量で、エフェクターによる音色の変化も一切なく、延々と続く曲があれば、たしかに生き物らしくないサウンドになると思います。しかし、実際にはエレクトロニック・ミュージックのヒットメーカーたちは、そのような曲を作っていません！　打ち込みのベースやドラムがほぼコピー&ペーストされている曲でも、それらが動いたり止まったり、フィルターやエフェクターによって色々な音色を出したり、同時に鳴っているほかの楽器や歌の音色とフレーズとの重なりを変化させることによって、全体のサウンドが圧倒されるほどの生命力を持っています。

僕の大好きなイエロー・マジック・オーケストラや、中田ヤスタカによるCAPSULE、Perfume、きゃりーぱみゅぱみゅの曲を聴いてみるとそれがすぐに実感できます。逆に、エレクトロニック・ミュージックだからこそ何でもできて、ほんまに無限の表現力を感じます。シンセの音作りだけでも信じられないほど奥深い可能性があり、僕のアコースティックギターの音なんかより100倍の生命力を出せると言ってもいいでしょう（笑）。

そしてエレクトロニック・ミュージックの音から生命力が感じられるだけではなく、すばらしい作曲家たちが生き生きとした音によって奏でるメロディ、コード進行やリズムで、生命力にあふれたヒット曲をたくさん創造しています。

シンセを効果的に使っている曲では、僕がユーチューブで解説とカバーをしたサカナクション〈新宝島〉が良い例です。イントロとエンディング以外のところで鳴り続けるシンセのリフのメロディが、「ラミレミ」（移動ド）を基本としていますが、集中して聴いてみると、「ラミレミソミレミミ、ラミレミラミレミミ、ラミレミラミレミミ……」と、真ん中の音が「ソ」だったり「ラ」だったり、1オクターブ上の「ラ」だったり、なかなか予想のできない、生き物らしい動きになっています。

本書では楽曲のメロディに「ドレミファソラシ」を当てる場合、すべて「移動ド」という書き方をします。つまり、「C＝ド」「D＝レ」ではなく、曲のキーがGメジャーのときは「G＝ド」、キーがDメジャーのときは「D＝ド」など、「ド」と呼ぶ音は原曲のキーごとに移転します。これを用いることで、違うキーを持った曲のメロディの内容を比べやすくなります。

〈新宝島〉の話に戻りましょう。はみ出すようなメロディのサプライズや、意外性のあるコードチェンジは、リスナーにとっては背後で「ポキッ」と音が鳴ったときと同じような効果があります。そこまで目立たない変化でもリスナーは気配を感じて、注意を曲に向けるのです。目立つ大きな音だけではなく、それが後ろから聞こえる小さな音だったとしても、そこに生物の気配を感じたとしたら、誰でも気になるでしょう。

たしかに生物の気配をあまり感じない音楽もたくさんあります。そういう音楽は、リラックスしたいときのBGMにぴったりですし、個人的に悪い音楽だとは思いません。でも僕が今まで聴いてきたヒット曲には、サウンド、メロディ、ハーモニー、そしてリズムに確実な生命力があります。

ヒット曲の魅力(APPEAL)

予測不能な意外性や新鮮さがある音に生命力を感じるという話をしましたが、それだけでヒット曲になるのでしょうか? 極端な例を挙げてみます。3分の間ずっと、次から次へとめまぐるしく変化する音ばかりで、メロディもコードもリズムもランダムに聴こえて、何もかもが落ち着かない、わけがわからない曲があるとします。その曲には生命力が満ちあふれているでしょうが、はたして大勢の人々に愛されるヒット曲になるでしょうか? なるわけないやろ!

一部のリスナーはこの奇抜な音楽にすごくハマると思います(ちなみに僕もその1人でしょう)が、大半のリスナーはこのように激しくランダムな曲に魅力を感じにくいと思います。「野生のライオンと一緒に、3分間狭い部屋に閉じ込められてみる?」と大勢の人に尋ねたら、何人かは「はい! 是非!」と答えるかもしれませんが、僕の予想では99%

以上の人が断ると思います。反対に、「かわいい子犬と同じ部屋で3分間過ごしてみる?」と尋ねたら、「はい! 是非!」と答える人が一気に増えると思います。

同じ空間にいる生き物が僕たちの注目を引くとき、その生き物が怖くて離れたくなる場合と、それが魅力的で積極的に近づきたくなる場合があります。ヒット曲は、魅力的な生命力を持っているのです。

「魅力」という概念は、それぞれの人やシチュエーションによって異なることがあります。おしゃれなジャズをとても魅力的だと思う人もいれば、それを「ダサい!」と思い、非常に激しいヘビーメタルを最も魅力的だと感じる人もいます。1人の人間でも、感動して泣きたい気分のときにはせつない曲に魅力を感じ、元気になりたいときには明るい曲を魅力的に感じるかもしれません。ほかにも、とても綺麗なラブソングが魅力的だったり、非常にワイルドなパンクミュージックが魅力的だったり、まじめさにも面白さにも、美しさにも汚さにも、最先端の新鮮さにもレトロな懐かしさにも、それぞれの魅力があって、僕たちリスナーはバラエティ豊かなヒット曲を楽しむことができます。

時代や流行とともに、一般的に魅力的だと感じられるサウンドは進化したり変化したり、あるいは回帰したりもしますが、オールジャンル、オールタイムのヒット曲の共通点として、「少なくともヒットした当時、非常に多くの人々がその曲に魅力を感じた」ということが挙げられます。そして、時代を超えるヒット曲は古くなっても人々にとって魅力的なものであり続けます。

ヒット曲の魅力はそのジャンルやイメージからもたらされるだけではなく、作詞作曲、編曲と演奏、録音の技術まで、多くの実際的なテクニックを駆使してすばらしいアーティストたちが曲に魅力を込めて作り上げているのです。

たとえば、メロディはだいたいがスケール（音階）という素材からできているのですが、スケールに含まれるそれぞれの音は自然現象である周波数や倍音の関係で、互いに相性が良かったりします。数秒間同じスケールに含まれる音が鳴り続けると、リスナーはその響きに慣れて、スケールの音に基づいたメロディを聴きやすいと感じます。そのメロディのところどころに生き物らしく目立つ予想外の音や変化があっても、それをおそるおそる聴くのではなく、楽しみながら聴くことができます。

また、メロディやコード進行、リズムのそれぞれにわかりやすいパターンやなじみやすい繰り返しがあると、リスナーはさらに安心して聴くことができます。まさしく、かわいい子犬や子猫の動きを見つめることと似ています。「野生のライオンや毒蛇みたいな怖さはないし、次にどんな動きをするかを完全には予想できないけど、しばらく見ていれば動きにだいたいのレパートリーが見えてくるし、そんなに激しくびっくりすることはないだろう」と、安心して見ていることができます。そうなると、楽しみな気持ちで子犬のサプライズな動きを見ることができます。

ちなみに、安心して聴くことができない、恐ろしげな音楽も大切です。ホラー映画の怖いシーンには欠かせません。音楽が、人生におけるあらゆる気持ちや経験を表現する力を持っていることは、本当にすばらしいと思います。悟りも怒りも爽快感も吐き気も表現する音楽は、かけがえのないものだと思います。音楽ではさまざまな表現性が実現可能ですが、ヒット曲になるには、大勢のリスナーが安心して聴くことができ、思わず近づきたくなる魅力が必要です。

ヒット曲の一体感（IMMERSION）

周りでつねに聞こえている環境音の中から生命力のある音楽が流れてきたら、僕たちはその曲に数秒間、注意を引かれます。その数秒間を聴いてみて、「この曲はええなあ」（＝その時の自分にとって魅力的だ）と感じたら、「もっと聴きたい！」と積極的に思い、おそらくそのまま数十秒間聴き続けようとするでしょう。でも2分半~5分もの間聴き続けようと思わせるためには、生命力と魅力以外に、一体感が重要になってきます。

歌のある音楽作品は、ひとつの世界を歌詞と音で作り上げるものです。そして、その世界を舞台に、音たちによる表現物語が繰り広げられます。曲には始まりと終わりがあり、その間グルーヴに乗って、メロディは音から音へと、ハーモニーはコードからコードへと移ります。そして曲の構成はAメロからBメロへ、Bメロからサビへ。さらには小さい音から大きい音へ、低い音から高い音へ、速いリズムからゆっくりとしたリズムへというように、音楽表現が感情のストーリーを描くのです。

ヒット曲の場合は、多くのリスナーが客観的に聴くだけではなく、そのストーリーに関心を持って、聴きながら歌詞と音楽の表現に共感することができ、曲の世界に入り込んでいる感覚になるという効果があります。音に夢中になっているなら、わかりやすく曲と一体化していることになりますが、そこにはさまざまなレベルと種類があります。

曲に合わせてダンスをしているときはもちろん一体化していると言えますが、体を動かさなくてもリズムを感じて、グルーヴに「乗る」ことも曲との一体化です。キャッチーなメロディを覚えて、そのメロディが頭の中で「鳴る」状態も曲と一体化しているということになります。明るいコードから寂しげなコードへとハーモニーが変化するときに、せつなさを実感するのも曲との一体化です。また、音楽表現と一緒にリスナーの気持ちが上がったり、落ち着いたり、感動を覚えることが、曲と一体化するということなのです。ヒット曲にはこうした一体化を感じさせるためのさまざまな作曲や編曲、演奏のテクニックがあるのですが、最も基本的で重要なのはリズムの仕組みであると、僕は考えています。そうした意味でも、徹底的にリズムの表現力の秘密を探っていきたいと思って本書を書きました。

ヒット曲の恩恵（REWARD）

生命力のある音に耳を傾け、その音を魅力的と感じて聴き続けようとし、さらに表現物語の流れに乗って数分間、音楽との一体感を味わいながら曲の最後まで聴いたとします。そこまでいけば、もうその曲はヒット曲になるのでしょうか？　いいえ、生命力と魅力、一体感だけでは、まだ時代を超えるヒット曲にはならないと思います。なぜならば、たくさんの人がそれぞれ、その曲をたった一度聴いただけではヒットしないからです。ヒット曲になるには、たくさんの人に繰り返し聴いてもらう必要があります。そのためにもうひとつ、欠かせない条件が「恩恵」です。

音楽を聴こうとするとき、世の中にはおびただしい数の選択肢があります。IFPI（国際レコード産業連盟）のデータによると、アメリカと日本は四半世紀以上にわたって世界で1位、2位を占める音楽市場だそうです。毎年リリースされるシングルやアルバムの数が非常に多くて、すべてを聴こうと思っても物理的に無理やし、自分の趣味やこだわりにぴったりと当てはまる曲だけですらくまなく聴く時間はないはずです。一昔前でも、音楽を聴くときにはFMラジオやテレビのチャンネルを簡単に変えることができました。レコードショップやCDショップに行ったときも、どれを買ったら良いか迷うくらいたくさんの選択肢がありました。まして現代のストリーミングサービスでは、何千万曲もの選択肢を手軽に得られるのです！

生命力、魅力と一体感を持つ曲がたくさんある中から、「今の曲、とくによかった！また聴きたい！」と大勢のリスナーたちに感じさせるものがヒット曲になります。聴いていて普通に面白いとか、聴いていて普通に気持ち良いとかでは恩恵のレベルに達していません。

聴いていて特別に面白い、特別に気持ち良い、特別に感動したという楽曲は恩恵のレベルに達しています。楽しくなりたい気分のときに明るいアップテンポの曲を聴いて、実際に元気が出て盛り上がった――その感覚こそがヒット曲がもたらす恩恵です。反対に、泣きたい気分のときに感動的な曲を聴いて、実際に曲が泣かせてくれたなら、それもヒット曲の恩恵です。言葉だけではなかなか表現できない、恋する気持ちを相手に伝えたくて、2人でカラオケに行ってラブソングを歌い、お互いの心が完全に通じ合った、という幸せな達成感もヒット曲の恩恵です。

これらの恩恵は歌詞の力からも得られますが、音楽的な仕組みによっても、もたらされるのです。音楽の仕組みとは、もちろんリズムのことだけではありません。メロディやコード進行によって達成感をもたらす作曲テクニックもあるのですが、本書ではリズムの話を集中的にしたいと思います。

なぜ本書はリズムに注目するのか

これまでもいくつかの例を述べたように、サウンド、歌手や演奏者の独特なスタイル、メロディ、ハーモニー、リズムの具体性のある仕組みなどによって、ヒット曲のソングライターは僕たちリスナーに生命力、魅力、一体感、恩恵を与えてくれます。僕自身、そして僕の生徒たちは、これまでこうした作曲や編曲、演奏のテクニックを探って学びとることによって、それぞれの要素がもたらす表現力に敏感になり、音楽を聴いたときにより深い感動を得られるようになることを実感してきました。それまで曖昧《あいまい》に受け止めていた感覚が、より明確で鮮やかな感動の受け取り方に変わります。

そして、それらの知識と表現力に対する敏感さは音楽制作にとても役立ち、自分が求める表現効果にたどり着きやすくなります。その中で僕がつねに感じているのは、多くの人はリズムに対する知識と感受性が曖昧だということです。いかがでしょうか？　ここまでお話しした4つの条件のそれぞれについて、具体的なリズムの例は思いつきますか？　僕の生徒のほとんどは、それを最初から思いつくことはありません。しかし、それを知った後の世界観の広がりは、それ以前に比べると圧倒的にすばらしいものとなります。音楽の聴き方と感じ方、そしてオリジナル曲の作り方を一気に改善する近道は、リズムの表現性と表現効果に敏感になることなのです。

音楽を聴くということは、旅をすることや、物語を読むことによく似ています。リスナーは曲を聴くことで、愛する人への想いに胸をふくらませたり、失恋のほろ苦さを思い出してせつなくなったりするでしょう。すばらしい音楽は、過去にも未来にも連れて行ってくれる。恋人でも友達でも、会いたい人に会わせてくれるのです。ここでもやはり、４つの条件が大切になってきますので、まとめてみます。

たくさんの人が何度も聴くことでヒットにつながる曲を作るためには、まずパッとリスナーの注意を引くような「生命力」を感じさせて、数分の間に新鮮な感覚を更新する必要があります。注意を引いたところで、数秒後にリスナーに「この曲はいやや」と思われては仕方ないので、「この曲はええな」と気持ちをつなぎ留める「魅力」が必要になります。それらをクリアしたあとでも、世界観に入り込めない曲だったら、関心を持つことはないでしょう。そこで、「音楽を感じる！」と思ってもらえるような「一体感」が必要です。最後に、何度も聴きたくなる曲には、「聴いてよかった！」と思わせる音楽的な「恩恵」があるのです。

【ヒット曲が持つ4つの条件】

①生命力（LIFE）
音が生き物のように予測不能な動きをして、 人々の注意を引きつけるか？

②魅力（APPEAL）
大勢のリスナーが安心して聴くことができ、 思わず近づきたくなるか？

③一体感（IMMERSION）
音楽が表現する感情の物語に、リスナーの気持ちが共鳴するか？

④恩恵（REWARD）
楽曲が期待通りの気持ちにさせてくれて、「聴いてよかった」と 思えるか？　もしくは、良い意味で期待を裏切り、 想定した以上の気持ちにさせてくれるか？

第2章　リズムってなんやねん

時の流れを支配する

リズム（rhythm）のことを日本語では「律動」とも呼びますが、rhythm という英語は元々ギリシャ語の〝rhuthmus〟に由来していて、計られた流れや動きを意味します。その由来や律動という漢字からも、リズムは音の流れを規則正しく計るものだと解釈できますが、それだけではリズムの表現力の秘密がわかりません。

リズムは永遠に続く「時」の中に存在しています。あるリズムに基づいた音楽を聴くことは、僕たちが今の瞬間を生きながら過去のことを思い出したり、未来を想像することとよく似ています。つまり、リズムにはわれわれの意識（現在）、記憶（過去）と希望（未来）がこめられているのです。

そして一瞬や数分という短い時間も、数年や数十年という長い時間も、人間に等しく与えられた「時」であることに変わりはありません。しかしその感じ方には個人差があり、一人ひとりが置かれている状況によっても、時が流れる速度の感じ方は違ってくるでしょう。

たとえば、お腹が空いて食べ物を電子レンジにかけるとき、残り時間の表示を凝視すると、たったの1分が非常に長く感じられることがあるでしょう。そのように、時間の経過を耐えられないほど遅く感じる時もあれば、居酒屋に誘われて、「ほな、一杯だけ！」と友達と30分程度話そうと思っていたはずが、あっという間に3時間も過ぎてしまうこともある。また、同じ空間や状況に置かれた人でも、時間が経つのが「遅いなぁ」と思っている人と「速いなぁ」と思っている人が両方いることもあります。

ここに音楽のリズムが持つ、ひとつの大きな魔法が隠れています。音楽のリズムには人間が感じる時の流れを支配する力があり、同じ曲を聴く人それぞれに、同じ時の流れを感じさせる力があります。グルーヴに乗っている間、時間の感覚が音楽とシンクロする——これこそが音楽のリズムが持つ、非常に深く、力強い表現効果なのです。

ビートとリズムはどう違う？

「乗りながら聴くのって、そもそもどういうことやろ？　何に乗るんや？」と思ったことはありませんか？　ヒット曲で僕たちが聴くリズムは、多くが規則正しい「ビート」（拍子）の繰り返しに基づいています。僕たちが乗るのは、そのビートなのです。

ビートに乗る感覚はごく自然に身につくものです。誰かに指導されてできるようになるものでもなく、たくさん音楽を聴けばどんなビートにも乗れる！　というわけでもない。

音楽が始まると自然に踊りだす赤ちゃんを、僕は何回も見てきています。ビートを自然に耳で認識して、自然に体で感じて、自然に乗れるのは当然のことだと思います。なぜなら、この世界は音楽以外にも、繰り返されるリズムを発し続けているからです。

我々を囲む自然環境には、数えきれないほどのリズムを感じられます。海に行けば、寄せては返す波のリズム、ゆっくりとした満潮と干潮のリズムがあり、空では太陽が昇って沈んで、月が満ち欠け、1年後に同じ季節が巡ってくる。これらはすべてリズムです。そのほか、鳥たちの羽ばたき、左右に動く魚の尾びれ、風に揺れる木の枝などもそう。僕たちの生きる環境は、数多《あまた》の重なりを見せる、さまざまな速さのリズムに埋め尽くされています。

生き物について触れましたが、人間の体もリズムだらけです。心臓の鼓動はもちろん、折り重なった筋肉の一つひとつが収縮と膨張を繰り返しています。その運動によって右、左、右、左と足を動かす歩行のリズムや、呼吸や咀嚼《そしゃく》のリズムも生まれます。このように、体内にもたくさんのビートが刻まれているので、外部から音楽のビートが聴こえてきたときに、身体の動きにも影響を与えるのです。

まとめると、音楽のリズムは、リスナーが時の流れをどう感じるかを支配する力を持っています。そして、そのビートがリスナーの体内まで響き、赤ちゃんですらノリノリに踊らせることもある。しかし、具体的に踊らせてくれるビートとはどんな姿をしているのでしょうか？　また、気持ちを盛り上げる以外にも、ビートは人間をどんな気持ちにさせてくれるのでしょうか？

テンポとBPMの表現性

まずは速度による表現効果があります。ゆっくりとしたリズムは落ち着いた時の流れを表現し、速いリズムは慌ただしさを表現します。これもまた、僕たちを包む自然界のリズムと一緒です。風の少ない、穏やかな天気の日に木の枝の揺れはゆっくりとして優しいけれど、嵐の日にはその揺れが速く、激しくなる。ゆっくり散歩をすればリラックスできるけれど、ダッシュすると呼吸のリズムは速くなるし、心拍数も上がります。このように「ゆっくり」と「速い」、それぞれによって成立している表現性もあれば、「ゆっくりから速く」という変化を見せる表現性、「速くからゆっくり」という変化をする表現性もあるんです。

その速さを表す音楽用語にテンポとＢＰＭがあります。テンポ（tempo）は「時」を表すラテン語"tempus"に由来した言葉ですが、音楽では基本となるビートの速度を示します。曲を聴きながら、自然に体を揺らす速度のリズムといってもよいでしょう。そしてテンポを数値化するときはＢＰＭ（beats per minute）、つまり1分間に何回鳴るかという拍数で表します。

ここで一つ目のエクササイズです！　まずはメトロノームを手に入れましょう。わざわざ買わなくても、インターネットで検索すると出てくるオンラインメトロノームもありますし、スマートフォンでもすぐに無料アプリが見つかるはずです。メトロノームの設定で、ＢＰＭをいちばん低い数字（ゆっくりなテンポ）にしてみて、しばらくそのまま聴いてみてください。次はＢＰＭをいちばん高い数字（速いテンポ）にしてみて、こちらもしばらく聴いてみてください。いかがでしょうか？　テンポが変わることによって、少しでも気分に変化があったでしょうか？　今度は徐々にテンポを下げてみたり、上げてみたり、今の自分にとっていちばん気持ち良く感じるテンポを探してみてください。このエクササイズで、テンポの表現性を実感することができます。

ほな、ヒット曲を例に確かめましょう。アンジェラ・アキの〈手紙～拝啓 十五の君へ～〉（以下〈手紙〉）のテンポは63ＢＰＭ、つまり1分間に規則正しい拍が63回鳴るということです。このテンポはリラックスして散歩しているようなテンポです。それに対してTHE BLUE HEARTSの〈リンダ リンダ〉のイントロの後は196BPM、なんと3倍以上速いテンポです! ゆっくりな散歩どころではなく、全力で走っている状態です。

どちらもすばらしい曲で、それぞれテンポによる表現性を非常に効果的に使っています。みずからの胸に問いかけるような〈手紙〉の思慮深さは、思わず涙が出そうになるような感動を与えてくれます。一方、〈リンダ リンダ〉にみなぎるワイルドな刺激、盛り上がる感動——これらの表現効果にもまた、テンポから伝わってくる要素があります。

また、THE BOOMの〈島唄〉はおよそ72BPMと優しさにあふれたテンポですが、最後のサビでドラムがダブルタイム(2倍の速さ)に変わり、144BPMになって、その後「ラララララ」と歌う部分でさらにテンポが速まっていきます。テンポが加速すると、リスナーは前に引っ張られている印象を受け、テンションが上がっていきます。〈島唄〉は最終的に200BPM近くまで上がりますが、最後には元に戻って、エンディングの三線《さんしん》のフレーズは45BPMまで下がります。こうしてゆるやかにテンポが下がることで、高まったテンションを自然に落ち着かせる効果が実感できます。

音価の表現性

曲の全体的なテンポ以外にも、基本となる1拍をどう分割するかで、似たような表現効果をもたらすことができます。拍の分割を理解するために、まず「拍子」、「小節」と「音価」の概念を簡単に覚えておきましょう。

クラシック、洋楽から現代のグローバルな（もちろんJ－POPも含む）ヒット曲まで、「4拍子」という拍子を持ったリズムが多く見られます。曲を聴きながら「1、2、3、4、1、2、3、4」と4つずつ拍を数えると、ドラムのグルーヴや歌と伴奏のフレーズとぴったりはまるように感じられるはずです。そして1回分の「1、2、3、4」を「1小節」としてまとめます。

この1小節の中には、色々な長さの音が入ります。「1、2、3、4」と同じ長さの音をひとつだけ入れることもできますし、短い音を4つ以上入れることも可能です。この音の長さのことを「音価」と言います。

音価は、4拍子の1小節に対する割合で名付けられます。左の図をご覧ください。ひとつの音が4拍続く音価の場合、「全音符」と言います。4拍子の1小節を丸々カバーする長さの音ですね。音価が2拍の場合は「2分音符」と言います。4拍子の1小節に2つ入

【音価を実感してみよう】

全音符

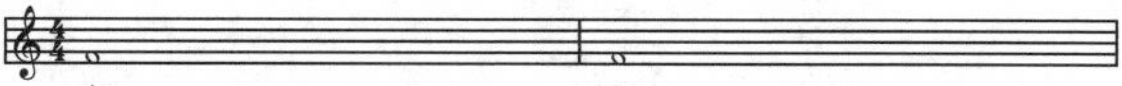

タ　ー　ー　ー　タ　ー　ー　ー
1　2　3　4　1　2　3　4

２分音符

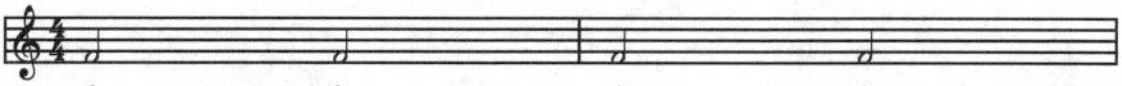

タ　ー　タ　ー　タ　ー　タ　ー
1　2　3　4　1　2　3　4

４分音符

タ　タ　タ　タ　タ　タ　タ　タ
1　2　3　4　1　2　3　4

８分音符

タ　タ　タ　タ　タ　タ　タ　タ　タ　タ　タ　タ　タ　タ　タ　タ
1　2　3　4　1　2　3　4

１６分音符

タタタタタタタタタタタタタタタタ　タタタタタタタタタタタタタタタタ
1　2　3　4　1　2　3　4

るからです。では4拍子の1小節に4つ入るときは？　もうおわかりですね、1拍の音価は「4分音符」になります。

つまり音価が半分になると、○分音符の「○」が倍になります。最初はちょっと混乱しやすいかもしれませんが、覚えておくと分割の解釈が楽になります！

さらに4拍子の1拍を半分に割ったときの音価は「8分音符」です。連続する8分音符なら、「1と2と3と4と」という風に、数字の間にも音が鳴る音価ということです。16分音符は、さらにその倍の速さです。ここで一度、前ページの図を参考に、「1」「2」「3」「4」に合わせて足踏みしながら、それぞれの音価を「タ、タ、タ」と発声してみてください。想像するだけではなく、ぜひ実際にやってみてくださいね。

……いかがだったでしょうか？　全音符の「ター――」と16分音符の早口の「タタタタタタタタタタタタタタタタ」の違いは実感できましたか？

混ざり合う音価の表現性

前項で述べた分割の速度にも、テンポと同様の表現効果があります。テンポがゆっくりだと落ち着いている表現になり、テンポが速いとテンションが高まっている表現になるのとよく似た現象で、同じテンポの中でも2分音符や4分音符といった比較的ゆっくりなリズムより、8分音符や16分音符といった細かく分割された音価の方が、盛り上がりを感じる表現性を持っています。

僕が以前、ユーチューブで解説したMr.Childrenの〈名もなき詩〉が良い例です。曲全体のテンポは126BPMで、ゆっくりでもなく、速くもなく、気持ちが良い中間のテンポです。歩行のイメージなら、ジョギングまではいかない、元気に歩くようなビートを感じさせる速度です。その一定のテンポの中で、リズム分割を変化させることによって、「速度の表現性」がいろいろな雰囲気を生み出しています。

間奏前で「絶望、失望……」と歌う音価は2分音符で、126BPMなら1分間に63回鳴る、ゆっくりなリズムですが、間奏の後の「成り行きまかせ……」と歌う音価は16分音符で、1分間に504回(!)も鳴る、非常に速いリズムです。したがって基本のビートのBPMには変化がないのに、リズムが速くなったときのテンションが上がる効果を持っているのです。

小沢健二 featuring スチャダラパーの〈今夜はブギー・バック〉もよい例です。曲のテンポは93BPM、深みのあるグルーヴで踊れるペースです。小沢健二の歌の部分、「ダンスフロアーに……」のリズムは8分音符が多いのですが、スチャダラパーが「1、2、3……」とラップで参加してからは16分音符の音価が多くなる。曲のテンポは変わっていないのに、リズムの速度変化の表現性にテンションが高まり、聴いていて楽しい効果を生んでいます。その後のサビで、小沢健二の「ダンスフロアーに……」というゆったりとした歌に戻り、元いた場所に気持ちよく着地するような表現効果をもたらしています。

リラックスした状態、慌ただしさ、テンションが上がっていく変化、気持ちが落ち着いていく変化——これらの表現は、すべてリズムのビートのテンポと、そのビートに対する分割の速さでもたらすことができるのです。

ダイナミクスのエクササイズ

ダイナミクス（dynamics）という英語はギリシャ語の〝dunamis〟（力）に由来した言葉で、音楽用語としては音量の変化や振れ幅を示します。小さい音と大きい音のギャップ、それを用いたメリハリ、音の強弱、という言い方もできます。小さい音と大きい音の表現性にも、もちろん違いがあります。これもテンポの速い遅いと同じで、自然界でも感じられる現象なので理解しやすいのです。

小さい音は遠いもの、落ち着いているもの、安全なものを表すのに対して、大きい音は近いもの、熱気が高まっているもの、危険なものを表せるでしょう。そして単純に小さい音より大きい音の方がよく聴こえるので、印象に残りやすいということもあります。曲のなかで効果的なダイナミクスを発揮するには、小さい音も大きい音も混在していることが大事です。

小さい音ばかりが鳴り続けると耳が慣れてきて、そのうち「小さい」のではなく「普通」に聴こえるようになったりします。逆に大きい音が鳴り続けたときも、耳が大音量に慣れてきて、「大きい」はずの音が「普通」に聴こえてくることもあります。そうならないように、ひとつの曲の中に小さい音があるからこそ、大きい音に迫力があり、大きい音があるからこそ、小さい音に繊細さがあるのです。このギャップと変化がダイナミクスなのです。

4拍子では「1、2、3、4、1、2、3、4」と小節ごとに4拍を数えますが、クラシック音楽では1、3拍目が比較的強い（大きい）「強拍」とされ、2、4拍目が比較的弱い（小さい）「弱拍」とされます。さらに、1拍と3拍を比べたとき、1拍目を3拍目より強く出すのが基本です。

【ダイナミクスを実感してみよう】

a

1	2	3	4	1	2	3	4
強	弱	中	弱	強	弱	中	弱

b

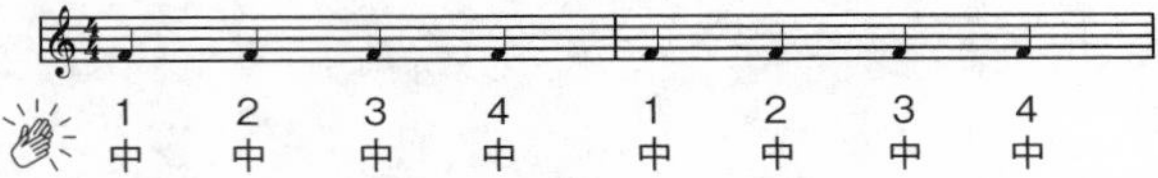

1	2	3	4	1	2	3	4
中	中	中	中	中	中	中	中

c

1	2	3	4	1	2	3	4
弱	強	弱	強	弱	強	弱	強

習うより慣れよということで、実際に数字を声に出しながら手拍子でダイナミクスを付けてみましょう。上図のaを参考に、規則正しい均一なリズムで「1、2、3、4」と繰り返しながら、手拍子で強弱のメリハリを付けてみてください。

何かしらの表現性を感じますか？　ダイナミクス無しのパターンbも試してみましょう。口で数えるのもやめて手拍子だけをしたとき、「中、中、中、中、中、中、中、中――」こちらの響きは真っ直ぐに引かれた点線みたいな表現性を持っていますね。均一なリズムなのでテンポは感じるけれど、平坦な雰囲気のビートです。それどころか、4拍子と言っても拍が4つごとにまとまっているかどうかもわかりません。

グルーヴの立体感を実感しよう

ほな、改めてダイナミクスを付けてみましょう。前ページのａに戻って数を声に出さない手拍子の強弱だけのパターンも試してみてください。

ダイナミクスのおかげで、繰り返すリズムが真っ直ぐな点線のような表現から、立体的な表現に変わりました。この立体感は「グルーヴ」とも呼ばれます。グルーヴのあるリズムには「形」が感じられて、拍の強弱にメリハリを感じます。4拍ごとに境目があるので、4拍子としての説得力があり、前に進んでいる感じがします。ちなみに、grooveは直訳で「溝」となり、溝のような凸凹の立体感にはまるような動きを感じるということです。

僕たちは普段歩くとき、大小さまざま、いろいろな角度の斜面や段差を上り下りしています。ほぼ平らな地面にもわずかな凸凹があったり、体調や姿勢、肩掛けのバッグを左右どちらに掛けるかなどによって、右足と左足にかかる負担が異なるでしょう。

歩いて前に進む感覚は、真っ直ぐな点線で表されるような感覚ではありません。椅子に座りながら片足で貧乏ゆすりをする感覚は真っ直ぐな点線のような表現性かもしれませんが、立ち上がって、どこかへ向かって歩く感覚を表現しようと思えば、強弱のメリハリがあるリズムが必要です。

4拍子のもうひとつのダイナミクスの付け方をやってみましょう。66ページのcを参考に1、3拍を小さく、2、4拍を大きく叩いてみましょう。J-POPや洋楽、現代のヒット曲でよく聴く、「バックビート」というグルーヴです。僕たちが一番乗りなれていて、自信を持って格好よく前に進むことができるグルーヴです。

クラシック音楽の「1(強)、2(弱)、3(中)、4(弱)」の表現は、体の重心を前に傾けて、足のつま先で歩くイメージ。それに対して、バックビートの「1(弱)、2(強)、3(弱)、4(強)」の表現性は重心を少し後ろに置き、インフォーマルで余裕がある、意気揚々と歩く感じになります。

この2つ以外にも強弱の付け方がたくさんあり、今後も新しいダイナミクスのバリエーションが生まれてくると思います。ここで実感し、覚えておいていただきたいのは、リズムのダイナミクスには立体的なグルーヴを作り出す効果があることと、そのおかげで僕たちは曲のビートに乗ることができ、前に進んでいる気持ちになれること。そして強拍と弱拍の順番や位置によってリズムの表現性が変化するということです。

ストレートとスウィング

ダイナミクスを理解したところで、分割の話に戻ります。拍と拍の間を使った表現に関して、ここにもリズムのすばらしい秘密が隠れています。

これまで4分音符で「1、2、3、4」と数えてもらいました。数字の間に「と」を入れて、「1と2と3と4と」と手拍子で8分音符を叩いてみましょう。(70ページa参照)

これができるようになったらダイナミクスも付けてみましょう。例として、2と4を強拍にします。格好良いバックビートの代表的なパターンです!(70ページb参照)

僕たちが前に向かって歩くとき、体は上下にも動いているんです。これを先程の「1と2と3と4と」に置き換えると、「1」「2」「3」「4」の拍は着地するときの下向きの動き、4つの「と」は地面から足が離れる時の上向きの動きとなります。(70ページc参照)

この表現効果から、英語では1、2、3、4拍の位置をとる音をオンビート(onbeats)と言い、間の「と」の8分音符をオフビート(offbeats)と言います。日本語では表拍(オモテ)、裏拍(ウラ)とも呼びますね。

この8分音符のリズムをまったく均一にすると、上下の動きが真っ直ぐに感じられます。このリズムを「ストレート」と言います。ヒット曲ではストレートな8分音符のリズムが

【8分音符のダイナミクスを実感しよう】

a

 1 と 2 と 3 と 4 と　1 と 2 と 3 と 4 と

b

 1 と 2 と 3 と 4 と　1 と 2 と 3 と 4 と

強　　強　　強　　強

【オンビートとオフビートを実感しよう】

c

1　と　2　と　3　と　4　と

【スウィングを実感しよう】

d

1　と 2　と 3　と 4　と

ストレートとは違い、オフビートが少し遅れます！

多く、乗ってみると自分が強くなったように感じます。SEKAI NO OWARI〈RPG〉、LiSA〈紅蓮華〉、Superfly〈愛をこめて花束を〉、くるり〈ワンダーフォーゲル〉、CHAGE and ASKA〈SAY YES〉、山口百恵〈プレイバック Part2〉、美空ひばり〈お祭りマンボ〉など、これらはすべてストレートのリズムを持ったヒット曲です。

それに対して、ジャズやブルースなどにルーツを持つ現代のヒット曲では、「スウィング」というリズムが多く見られます。このリズム分割では、オンビートの「1」「2」「3」「4」はストレートと同じ、規則的で均一なリズムを取りますが、オフビートの「と」の8分音符が少し遅れて、スキップするようなリズムに変わります。手拍子しながらやってみましょう。オンビートを少し長めにとって、オフビートは少し短めにとります。（70ページd参照）

均一な上下の動きを表したストレートに対して、スウィングの動きは少し丸みを帯びています。ストレートの真っ直ぐさに対して、スウィングには軽やかさと遊び心が感じられます。

スウィングを使ったええ曲たち

スウィングにはさまざまな種類があり、それぞれ表現性が少しずつ異なります。定番のスウィングは、1拍と1拍の間が2で割った音価ではなく、3で割った音価から作られます。オンビートは1拍の2／3の音価になって、オフビートは1拍の1／3の音価になるけれど、きっちりと3で割っていないスウィングもあります。オンビートの音価が1拍の3／5くらいでオフビートが2／5くらいの音価の「ちょっとだけスウィング」しているリズムと、オンビートの音価が1拍の3／4くらいでオフビートが1／4くらい、さらにオンビートの音価が1拍の5／6くらいでオフビートが1／6くらいの音価の「めちゃくちゃ濃厚なスウィング」をしているリズムもあります。

藤井風〈何なんw〉、荒井由実〈卒業写真〉、Official髭男dism〈115万キロのフィルム〉、フリッパーズ・ギター〈恋とマシンガン〉、大滝詠一〈君は天然色〉、坂本九〈上を向いて歩こう〉、これらはすべてスウィングのリズムを持ったヒット曲です。

リズムは、その曲に込められた意識（現在）と記憶（過去）と希望（未来）をつなげてくれます。言い換えれば、時の流れの感覚まで変えて、僕たちを好きな曲に乗せてくれるすばらしい力を持っていきます。これはとても自然なことです。なぜなら、人間が進化してきた環境も、僕たちの身体の中も、リズムだらけなのですから！

音楽のリズムにはいろいろな要素と仕組み——これまで説明してきたビート（拍子）、小節、テンポ（BPM）、音価、強弱のダイナミクス、ストレートとスウィング——があり、それらを効果的に操る音楽家たちは、僕たちにさまざまな表現性を与えてくれます。落ち着きと慌ただしさの表現性、上下左右に動きを感じる立体的なグルーヴ、前に進んでいる気分、さらには歩いているか、スキップしているかといった進み方の違いまで、色々な感覚を与えてくれます。

リズムの基本的な表現性についてはここまでです。次章からはヒット曲のリズムを、第1章でお話しした4つの条件（生命力、魅力、一体感、恩恵）に照らし合わせてひとつずつ探っていきます！

第3章　リズムの生命力（LIFE）

リズムの生命力とは

テンポ、音数、拍の分割、ダイナミクスによって、動きがあって立体感のあるリズムを作り出すことができます。動きや立体感がある時点で、すでにリズムに生き物っぽさがあるということです。

でもよく考えたら、人間が生活する空間では、たくさんの立体物が常に動いています。僕たちはそれらをいちいち気にすることはありません。窓の外に浮かぶ雲を眺めているとき、時計の秒針の動きには注目しませんし、時計の秒針に集中している間は雲の動きに注目しません。そして雲から秒針に意識を移すタイミングを決めるのは僕たちです。

しかし、雲を眺めてのんびりしているときに、突然玄関から激しく「コンコンコン！」とノックする音が鳴ったら、意識は反射的にそちらに向くでしょう。激しい音ではなくても、聴いたことのない、妙なリズムを持つ鳴き声が聞こえてきたなら、そちらに耳を傾けてしまうでしょう。これは動物としての防衛本能にも通じる話です。生命力を感じない機械的なリズムより、「誰かがなにかをやっている」という生き物っぽいリズムの方が、注意を引きやすいのです。

ヒット曲のリズムは、時にこの感覚を利用して、作曲、編曲、演奏技術による生き物らしさによって、リスナーの注目を集めます。

裏切りのリズム

動きのあるリズムでも、同じビートがしばらく続けば、リスナーは「きっとこの後も続くだろう」と感じるようになります。そこで、予想を裏切るようにビートをピタッと止めたとしましょう。その動きがリスナーの注意を引き、「あれ？　終わったかな？　また始まるかな？」と注目させることができます。それからまた突然始まったりするのも新鮮です。

エレクトロニック・ミュージックのアーティストたちはこうした作曲技術を非常にうまく使っています。機械的な打ち込みのビートを素材に使っているにもかかわらず、生命力豊かでリスナーの注意を引くリズムを作り出しています。

きゃりーぱみゅぱみゅの〈にんじゃりばんばん〉が良い例です。徐々にテンションを高めていくリズムのイントロが13秒ぐらい流れ、ビートが止まります。そして「鮮やかに」と歌いだす部分だけ、ドラムビートが止まります。1分ほどのところ、間奏が終わってビートがまた止まって、「見えていた」という歌詞でまたビートが始まる。さらに、1分28

秒あたりの2回目のサビの始まりも同じです。

〈にんじゃりばんばん〉を最後までよく聴くと、一度聴いただけでは予測しづらいタイミングでビートが始まったり止まったりする、生き物らしさを増すテクニックが数回使われていることがわかります。それが現れるたびにリスナーの注意を引き、意識を更新するのです。

エレクトロニカ以外にも、急に止まったり始まったりという、リスナーの感覚を裏切るリズムによって生命力を増幅するアレンジが、さまざまなヒット曲で使われています。

フリッパーズ・ギターの〈恋とマシンガン〉のイントロを聴いてみてください。ジャズドラムのビートで始まり、ほんの数秒でいきなり止まって、また始まって、またすぐに止まって……これこそが予測不能な、生き物っぽい動きです!

サディスティック・ミカ・バンドの〈タイムマシンにおねがい〉は、各Aメロの冒頭がポイントです。「さあ」と歌い出す1拍前にドラムがピタッと止まって、歌と一緒に力強く2拍目から始まる。これもまた、生命力にあふれた表現効果をもたらしています。

感情をトレースするテンポ

急に止まったり始まったりする以外にも、リズムに目立った表現があるとリスナーの注意を引く効果があります。

THE BLUE HEARTS〈リンダ リンダ〉のイントロはゆっくりで自由、優しい表現性をもったリズムです。このパートの終わりに「美しさがあるから」とゆっくり歌い上げた直後、「リンダリンダ！」とサビに入り、パンクロックならではの力強いドラムビートを軸にした速いテンポに移行します。

穏やかなイントロはたっぷりと30秒ほど演奏されますが、テンポとグルーヴの目立った変化によって「ここから新しい旅に出る！」というような、非常に新鮮な感覚があります。

back number〈クリスマスソング〉の鉄琴によるイントロは、約90ＢＰＭのテンポ。それが11秒ほど流れた後にストリングスのフル編成が入り、77ＢＰＭにテンポが下がります。これも生き物らしさがある変化ですね！

世界を股にかけるリズム

前章でTHE BOOMの〈島唄〉の、緩急をつけたテンポについてお話ししました。実は、この曲のリズムにはテンポ以外にも、たくさんの生き物らしい変化があります。

エレキギターと三線で構成されているイントロから歌に入るまでの約50秒間は、ドラムなどの強い伴奏のグルーヴがなく、自由で可能性にあふれたリズムの世界が作り上げられています。

二つ目のAメロ、「でいごが咲き乱れ」と歌うところから、ドラムとベースによる非常にユニークなグルーヴが動き出します。珍しさのある4拍子の強弱パターンが「1（中）、2（弱）、3（弱）、4（強）」となっており、ベースやバスドラムが、不均一で予想しにくいリズムを奏でています。

Bメロ、「ウージの森で」からレゲエのビートに変わって、サビの「島唄よ」では8分音符中心のロックビートに変化します。その後しばらくして、「私の愛を」という2回目のサビの後から、グルーヴが16分音符のファンクのビートになります。スネアドラムを叩くタイミングも、王道であるバックビートの2拍目ではなく、それよりも速く叩くことで、意外性のある珍しいリズムになっています。

さらに「海よ宇宙よ」のあたりから和太鼓が目立ってきて、次のサビ「島唄よ」でロックビートに戻ります。ここまででもたくさんの変化があって、リズムが本当に生き物っぽいですね。しかも最後には前章でお話ししたテンポの変化もあります。本当に飽きさせせないリズムを持った、すばらしいヒット曲です。

隠し味をひとつまみ

ここまでの解説は、曲を聴けばすぐに感じられるような、目立った変化のお話でした。その一方で、そこまで目立たない、微妙な変化でもリズムに生命力を与えている例があります。

ケツメイシ〈さくら〉の伴奏リズムとコード進行はほとんどがループしています。それにもかかわらず、この曲はリズムが生き生きとしていて、聴いていて飽きない生命力を持っています。

「さくら舞い散る中に」から始まるサビを聴いてみてください。歌のリズムはとても安定している連続8分音符ですが、サビの後の「ヒュルリーラ ヒュルリーラ」の部分は、連続8分音符ではなく、「リー」でリズムを伸ばしたり、「ラ」の後に間を入れたり、新鮮な形をしたリズムとなります。それから、「さくら散りだす」とラップが始まると倍の速さ、つまり16分音符になって、これも止まったり動いたりする音の流れです。ラップが終わって、「花びら舞い散る」からのパートは4分音符のリズム。つまりラップの1／4の音数に変わります。

一定のBPMを土台に保ち、ベースやドラムのグルーヴにはほとんど変化のないループで繰り返されていたとしても、歌のリズムの変化だけでも曲全体のリズムが生き生きとして、リスナーの耳に繰り返し新鮮な感覚を届けることができるのです。

シンコペーションを実感しよう

前章では強弱をつけた4分音符のダイナミクスの表現性を探りましたね。それからストレートとスウィングについて、さらに8分音符のなかで下向きの力を感じるオンビート(表拍)と上向きの力を感じるオフビート(裏拍)の表現効果も実感してもらいました。

ここでもうひとつ説明を加えておきたいのがシンコペーションです。

シンコペーションというのは、オフビートに強拍のアクセントを感じるリズムの表現です。83ページのエクササイズを順に追いながら、手拍子と発声でシンコペーションの表現性を実感してみましょう。

……できましたか? できないと思ったら、テンポを落としてやってみてください。できるようになったら立ち上がって、全身でシンコペーションの効果を実感しましょう!

【シンコペーションを実感しよう 1】

a　「1、2、3、4」と発声しながら足踏みをします。

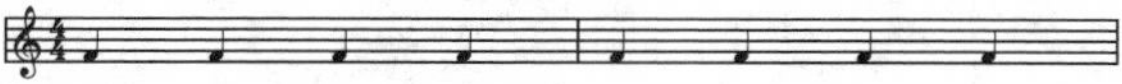

1　2　3　4　1　2　3　4
右↓　↓左　右↓　↓左　右↓　↓左　右↓　↓左

b　発声に8分音符の「と」を加えましょう。足踏みはそのまま。

1 と 2 と 3 と 4 と　1 と 2 と 3 と 4 と
右↓　↓左　右↓　↓左　右↓　↓左　右↓　↓左

c　bに加えて、オフビートの「と」のタイミングで手拍子をしましょう。

と　と　と　と　と　と　と　と
1 と 2 と 3 と 4 と　1 と 2 と 3 と 4 と
右↓　↓左　右↓　↓左　右↓　↓左　右↓　↓左

d　cの状態から、発声を「1」のみに減らしましょう。

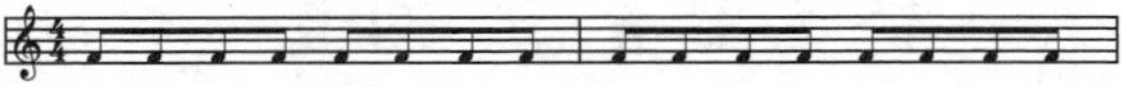

と　と　と　と　と　と　と　と
1　1
右↓　↓左　右↓　↓左　右↓　↓左　右↓　↓左

できなくても恥ずかしいことちゃうで！　発声、手拍子、足踏み、3か所も別の動きをするというのは大変なこと。こんなにも複雑な動きをしながらテンポやバランスを保つことは、なかなかできないはずです。

aとbは、慣れるまで頑張れば多くの人ができることだと僕は確信しています。なぜなら普通に歩くこととほぼ一緒ですから。c、dができなかったとしてもがっかりすることはありません。その難しさを感じたなら、シンコペーションの効果をまさに実感していると言えます！　そして、cとdまでできた人は、体でも耳でもシンコペーションの響きと効果を身体化できているということです。すばらしい！

さて、シンコペーションは、バランスが崩れやすいというのが大きなポイントです。aのように「その場で足踏みをする」ことと「前に進んで歩く」ことはほぼ同じ動きですが、後者では重心を前に向けて、つまり1歩ずつ意図的にバランスを微妙に崩す必要がありま す。僕は歩くときにバランスを崩しているという自覚は今更ありませんが、足踏みと比べながら歩いてみると確かにそうやな、と実感できます。歩き始めた赤ちゃんの動きを見ると、バランスを崩すことと、前進することの関係を非常にわかりやすく実感できます。

歩き出す〈ルビーの指環〉

シンコペーションのリズムはオフビート、つまり上に向かう動きを強調しつつ体のバランスを崩すことで、前に引っ張られるような感覚を表現しています。その効果が実感できる曲を紹介していきましょう。

寺尾聰〈ルビーの指環〉のイントロはギターのリフで始まり、0分11〜16秒にシンセのアルペジオが上がっていくメロディがあります。このメロディを聴きながらドラムのシンバルを意識してみてください。シンバルの音と同時にギターやベースがコードチェンジをしていて、バンド全体が強拍のアクセントを強く出しています。

実は、1回目のアクセントだけがオンビートで、2回目から5回目までのアクセントはオフビートを強調しています。83ページで紹介したdのリズムと似た形です。リスナーの重心が前に引っ張られ、生き生きと歩き出す感覚が伝わります。

郷ひろみ〈2億4千万の瞳〉で繰り返される印象的な歌詞、「億千万」も同様の効果をもたらしています。この曲のテンポは約160BPMで、活発な印象を受けます。その上、億千万の「お」がオフビートを強調していて、リスナーを前のめりにさせ、生命力を感じます。歌だけではありません。この曲の最初の30秒を聴き、ビートに合わせて自由に踊りながら、ドラム、ギター、キーボードのリズムを意識してみてください。オンビートの強拍がたくさんありますが、オフビートのアクセントも目立っています。このアクセントのたびに、リスナーはちょっとした驚きと、バランスの崩れを感じます。これこそがリズムのLIFE、生命力です！

〈2億4千万の瞳〉のシンコペーションは8分音符を基本としています。しかし、160BPMの速いテンポなので、96BPMの〈ルビーの指環〉のイントロで奏でられるシンセのシンコペーションよりも慌ただしさとファンキーさを感じさせてくれます。つまり、分割された音価による速度表現もあるということですね。

カウント方法の特別講座

16分音符に基づくシンコペーションもあります。感覚を実感するためには、英語方式のカウントの仕方が便利です。

まず、4分音符は「one, two, three, four」と数えます。大事なのはシラブル（音節）の長さです。カタカナにすると「ワン、ツー、スリー、フォー」になり、1音節ずつに見えないと思いますが、英語方式ではこれらの数字それぞれが、1シラブルとして扱われま

【英語のカウントを身につけよう】

す。そうすることで、均一かつリズミカルにカウントすることができるのです。

8分音符のカウントは「one & two & three & four &」とオフビートが&になります。そして16分音符のときは、「one」「two」「three」「four」のそれぞれと、&の8分音符の間に、e（イ）とa（ア）が挟まれるんや。つまり「one e & a two e & a three e & a four e & a」という形になる。eとaの文字に意味はありませんが、ある程度の速度が求められる16分音符がすらすらと言いやすくなります。

さて、これをどのように発音するんでしょうか？「ワンイーアンドアー、ツーイーアンドアー……」などと発音していたらとても間に合いません！カタカナで書くなら、「ワニアナ ツイアナ スリアナ フォリアナ」が近いです。早口でこれを10回連続で言ってみてください。

慣れてきたら前ページのエクササイズにトライしましょう！

立ちあがり、4拍子のリズムで足踏みをしましょう。同時に英語で「one e & a two e & a three e & a four e & a……」と発声してカウントします。最後に、すべての「e」と「a」だけに手拍子を付けます！

やってみていかがでしたか？「いったい何やねんこれは！無理やろ！」と思う方の気持ちもわかります。83ページのエクササイズでも十分複雑だったのに、それよりも速い上、体の動きやバランス感覚を保つのが難しいですよね。もちろんプロのドラマーなら簡単にやってのけるでしょうが、普通はなかなか再現できないリズムです。でも、幸いなことにリスナーは再現せずに聴くだけで良いんです。聴くだけなら、「いったい何やねんこれは！」とイライラすることもありません。身体の中でバランスの変化を無意識に感じて、気持ち良い慌ただしさとファンキーさを感じるでしょう。

ボーカルでもシンコペーション

さて、〈ルビーの指環〉の話に戻りましょう。8分音符のシンコペーション豊かなイントロが終わると、歌による16分音符のシンコペーションが賑やかにたたみかけてきます！

【〈瞳をとじて〉を歌ってみよう】

1 e & a 2 e & a 3 e & a 4 e & a

ひ と み を と じ て

1 e & a 2 e & a 3 e & a 4 e & a

き み を え が く よ

1 e & a 2 e & a 3 e & a 4 e & a

そ れ だ け で い い

「くもり硝子の向うは風の街／問わず語りの心が切ないね」、このフレーズが持つアクセントで、いくつかの音節が強調されています。「硝子」の「が」、「向う」の「む」、「風」の「か」、「街」の「ち」、これらのアクセントはすべて前項で説明したカウントの「a」の位置にきていて、16分音符のシンコペーションです。

電気グルーヴ〈Shangri-La〉のリフレイン部分、「シャングリラ」という歌詞の「シャ」もすべて「a」の16分音符のシンコペーションです。また、ゆっくりとしたテンポでも16分音符のシンコペーションが用いられると、前に引っ張られる効果があります。その好例が平井堅〈瞳をとじて〉。基本となるテンポは71BPMですが、サビの「瞳を閉じて／君を描くよ／それだけでいい」に付けられているリズムのアクセントを分析してみます。

「ひ（1）、と、み（a）、を、と（a）、じ、て（a）、き（1）、み、を（a）、え、が（a）、く、よ（a）、そ（1）、れ、だ（a）、け、で（a）、い（4）、い（a）」

小節ごとに1拍目がオンビートとなり、2〜4拍は16分音符のシンコペーションにアクセントが連続して置かれることで、僕たちを前に引っ張ってくれるのです。

そして、「究極のシンコペーション」と呼ぶべきリズムを持った曲もあります！　ここまでシンコペーションの話をするなかで、「ファンキーさ」という言葉を何度か使ってきました。その言葉通り、ファンクミュージックやそれに派生する音楽のジャンルは、まさに16分音符のシンコペーションが大きな特徴となっています。

切っても切れないファンクとシンコペーションの強い絆については、第5章「リズムの一体感（IMMERSION）」で詳しく解説しますが、まずはファンキーなリズムを持ったJ‐POPの、16分音符のシンコペーションを感じてみましょう。

ゲスの極み乙女。〈私以外私じゃないの〉の「冴えない顔で泣いちゃった夜を重ねて」と歌うAメロ、伴奏のエレキギターに注目して聴いてください。

アクセントを置く位置が小節ごとの1、2、a、e、4になっています。1、2、4拍がオンビートを強調しているために、リスナーは3拍の強調を無意識に期待してしまいます。その3拍の代わりに、a、eとシンコペーションが予想外に連続して、なおかつ大音量で強調されています。

ミュージックビデオでは、ギターでカッティングしてはる川谷絵音《かわたにえのん》の右手に注目してください。16分音符のリズムを絶えず上下に刻んでいはるけど、eとaのカウントのところでアップストロークになっているんです。ご本人は弾きながら、僕たちリスナーは聴きながら、小節ごとの3拍目のリズムに上向きのエネルギーを感じて、とても生命力にあふれた表現が伝わってきます。

恐怖を感じる音

時計の秒針、その音を想像してみてください。（もしくは近くにあれば注目して聴いてみてください）チッチッチッチッチッチッチッチッ……。この後はどうなるやろか？　この後もおそらくこのままずっと続くでしょう、チッチッチッチッチッチッチッチッ……。

1時間後や翌日、来週、来年でも、バッテリーがなくなったり時計が壊れたりするまで動き続けるリズムです。安心と言うよりは、気に留めなくなる音ですね。基本的に気にしない環境音として、ほかのことに集中していると、チッチッチッが聴こえないぐらいの薄い存在感になっているのが通常の状態です。

今度はガラガラヘビの尻尾から出る音を想像してみてください。（もしくは近くにいれば注目して聴いてみてください……いや、早く逃げてください！）時計の秒針の音と、ガラガラヘビの音を聞き比べると、音色が似ているかもしれません。時計が近くてガラガラヘビが少し離れた場所にいたら、それぞれの音量も同じかもしれません。でも、ガラガラヘビの音がかすかにでも聴こえた瞬間、僕たちの注意は完全にそちらに向くはずです。命がかかってるさかい、動物的な本能でそうせざるを得なくなるんです。ガラガラヘビが刻むリズムは時計のように、安心できるリズムではありません。始まったり止まったり、速くなったり遅くなったり、予測ができない不均一なリズムです。

不均一で予測不能なリズムには、生命力が感じられます。ガラガラヘビもそうですが、散歩中に尻尾を振りながら寄ってくるワンちゃんも、向かいから歩いてくる知らない人も、木の枝にとまっている鳩でもそうです。それぞれ動いたり止まったり、方向や速度を変えたりするので、僕たちは常に周りの動物や人間に注意を向けています。

【〈名もなき詩〉を歌ってみよう】

1 e & a 2 e & a 3 e & a 4 e & a
ちょ とぐ らい の よごれ

1 e & a 2 e & a 3 e & a 4 e & a
も のな らば

日常会話ではありえない位置にアクセントが置かれています。
この不規則な動きが生命力を発揮しています。

縦横無尽に動く歌

ヒット曲のリズムにも不均一で予想できないリズムを有効に使う曲がたくさんあります。拍子の分割の変化による表現性の話で、Mr.Childrenの〈名もなき詩〉は構成部分によって音価が2分音符だったり16分音符だったりしている事実を例に挙げました（63ページ）。さらにこの曲は、Aメロの歌がものすごく不均一で予測不能なリズムになっているために生き物らしさが発揮されて、一度聴いたらどんな動きをするかが気になってしまう、効果的な表現となっています。僕も初めて聴いたときから、今聴き直しても注目せずにはいられない、生命力にあふれたリズムであると感じています。

「ちょっとぐらいの汚れ物ならば」は普通に話

す日本語とかなり違うリズムですし、音節をカウントに書き換えると「&&a3ae&a1&ae&」です。今まで紹介したシンコペーションのリズムは「1aaa」など、少し慣れればパターンが見えてくるリズムでしたが、〈名もなき詩〉のリズムパターンは見えるでしょうか？　ランダムとまでは言いませんが、楽譜で見ても、実際に聴いても、なかなか予想のつかない不規則なリズムです。

〈名もなき詩〉ほど極端ではなくても、予想しづらいリズムが断続的にリスナーの注目を引くヒット曲はほかにもあります。

西野カナ〈トリセツ〉のAメロを聴きながら、「この度はこんな私を選んでくれてどうもありがとう」のリズムを手で叩いてみてください。16分音符でスウィングの拍子分割に基づいた魅力的なリズムですが、始まったり止まったり、ひとつのフレーズの中でも速かったりゆっくりだったり、不均一で予測不能な、良い意味で気になるリズムです。

ちなみに「この度はこんな私を選んでくれて」のメロディは「ソソソドドドドドドドドドドドドド」です。とてもシンプルな構成のメロディが、リズムの面白さを一層引き立てています。レゲエやヒップホップの曲でもよく使われる、リズムを主役にする作曲テクニックです。

生命力を持った機械？

歌のリズムではなくても、ドラムなどの伴奏で不均一かつ予想しづらいリズムを演奏することで、曲の表現性の生命力を増幅させるものもあります。

福山雅治〈桜坂〉の歌のリズムは滑らかで、なじみやすい8分音符と4分音符ですね。ギターのアルペジオやピアノの伴奏も驚くほどの不均一なリズムはありません。そこで、ドラムのパターンを摑もうと意識しながらこの曲を聴いてみてください！　このドラムは機械による打ち込みなのですが、だからといって機械的なリズムだと思ったら大間違いです！

よくあるロックビートであれば、ハイハットのリズムは連続する8分音符となります。〈桜坂〉では1小節の中に4分音符、8分音符、16分音符が混在している上、続く小節ではパターンを変えたりと、予想しづらい動きをしています。バスドラムのパターンにも注目してみてください。初めて聴く人はどこに次の強調がくるか、タイミングを予想してみましょう。だいたいは当たらないはずです。打ち込みにもかかわらず、生命力を表現できている、技ありのリズムです！

樹木とヒット曲の共通点

僕たちは曲を聴くときに、さまざまなレベルのリズムの表現を同時に処理して聴いています。大きな括《くく》りでは「この曲は4分23秒で112小節の長さ」と表すことができますし、細かく表せば「今鳴った音の音価は16分音符」と表現できるレベルもあります。その間にも、1拍ごとのレベル、1小節ごとのレベル、構成（Aメロ、Bメロ、サビ）ごとのレベルなどで、曲のリズム表現を受け取っているのです。

一般のリスナーがすっとなじめるような、予想を裏切らないパターンというものがどのレベルにもあります。4拍子の曲なら、「4拍子」という音楽用語を聞いたことがなく、4拍ごとに小節が繰り返されているイメージができなくても、かなり多くの人が無意識に4拍子のグルーヴを期待することになります。

4拍子の曲をしばらく聴いてなじんでしまった人は、途中でいきなり拍が増えたり減ったりすると当然違和感を覚えます。これは、「え!? 嘘だろう!?」というレベルの大きな違和感ではなく、「あれ、なんとなくだけど、ここは何かが違う？」というレベルの表現効果を持っているものが多くみられます。

たとえばback number〈クリスマスソング〉は、11秒から始まるストリングスが際立つイントロが、４拍子で、「１、２、３、４」というカウントにぴったりとハマるリズムです。35秒でオーケストラやドラムが３、４拍を強調するリズムを刻んだと思ったら、次は2拍子の小節がひとつだけあって、その後「どこかで鐘が鳴って」という歌の始まりでまた４拍子に戻ります。１小節だけ違う長さというのは予測できない、生き物らしい変化です。この手法には、少しバランスが崩れたような表現性があり、小節単位でシンコペーションと似た効果があります。

その後しばらくは期待通りの安定した4拍子が続きますが、「君が好きだ」と一つ目のサビが終わった後も、１小節だけ2拍子に変わって、それからオーケストラのメロディとともに４拍子に戻ります。

こういう曲作りを見ると、僕は「やっぱり名曲は生き物っぽいなあ」と強く思います。動物だけでなく、樹木といった植物にもたとえられます。ある1本の樹木を想像するとき、まず円柱形の幹が地面から垂直に伸びていて、そこから広がる枝の伸び具合や、一つひとつの葉の生え方と形もほとんど左右対称……ということになると思います。これを4拍子のありふれたイメージになぞらえます。

実際に生えている樹木を、近くから時間をかけてよく見るとイメージと実物の違いが見えてきます。幹の形は完全な円柱ではないし、ゴツゴツと起伏に富んで直線の部分はどこにもない。地面から上に伸びる角度も斜めで、葉の形も左右対称ではない。また、木には何百枚、何千枚と似たような形をした葉がついているけれど、そのどれもがひとつとして同じ形をしていないのです。

〈クリスマスソング〉は、「変拍子だらけで、ランダムすぎてわけがわからない！」というリズムの表現性ではありません。基本的にはなじみやすい4拍子であり、ところどころで少しだけ2拍子に変わって、すぐまた4拍子に戻るという構造。これによって、人工的に作られた、完璧な円の断面を持った真っ直ぐな鉄の棒ではなくて、森の中で自然に生えてきた木のような、生き物らしいリズムの表現性が感じられるんですね。

意外な長さのフレーズ

小節レベルより少し大きく分析すると、フレーズレベルの表現もあります。ここで僕の大好きなRCサクセションの名曲〈雨あがりの夜空に〉を例にとって説明しましょう。

「この雨にやられてエンジンいかれちまった」、これが1フレーズです。4小節にまたがっていますが、リズムとメロディによるひとつのフレーズとして、リスナーの耳は処理します。「俺《おい》らのポンコツとうとうつぶれちまった」。これも同じパターンによる4小節の1フレーズです。クラシック音楽、ジャズやブルース、R&B、ポップス、ヒップホップ、ロック、メタル、エレクトロニカと、さまざまなジャンルで演奏されるフレーズの長さは、4小節が非常に多いのです。

人間は二足歩行をし、そのリズムに慣れている動物なので、ビートも小節も偶数の区切りが自然でなじみやすいのだと思います。また、僕たちが耳にする音楽のおそらく99%以上が4小節のフレーズですから、その慣れもあって、ヒット曲を聴くときには当然のように4小節のフレーズを無意識に期待しているのでしょう。

その一方で、サビの「こんな夜におまえに乗れないなんて」が、なんと3小節のフレーズです！　繰り返すように続く、「こんな夜に発車できないなんて」が同じメロディの似たようなフレーズですが、実はこちらは4小節なのです。

前者がリスナーの期待する4小節より短いフレーズであるために、後者が早く入ってくるように感じられて新鮮さを与えます。そして前者の3小節のフレーズを聴いているために、「同じメロディだし、次もまた3小節だろう」とリスナーは予測しますが、そこで4小節のフレーズに戻る変化がまた新鮮です。1小節を1回減らすだけでリズムの生命力が

【4拍子と3拍子を重ねてみよう】

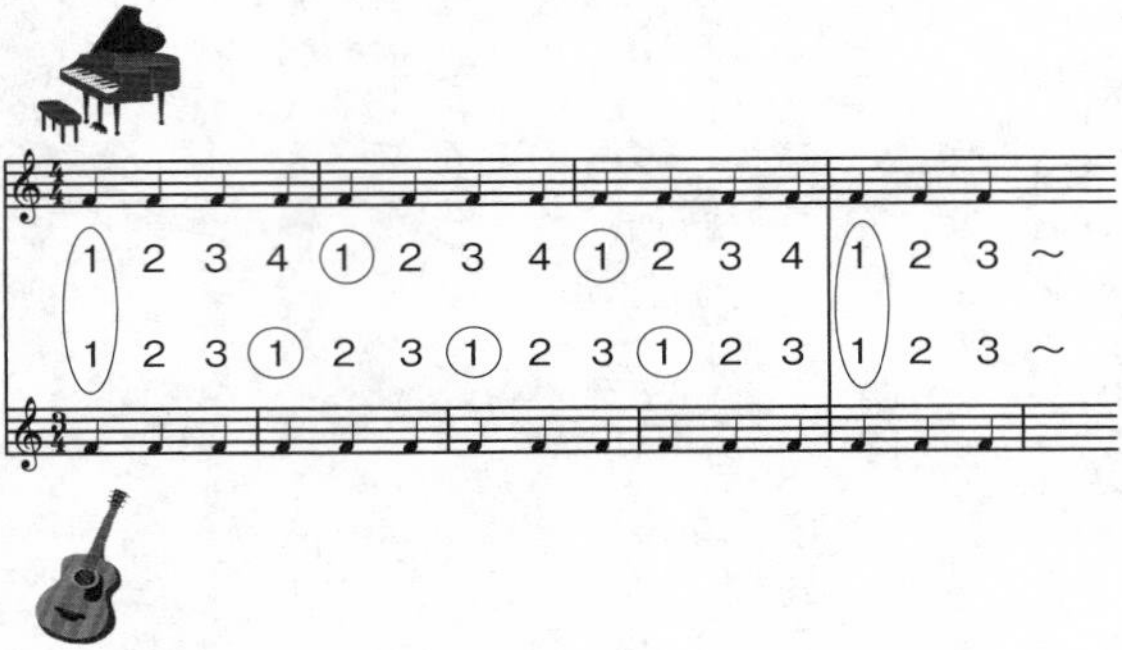

こんなに増すとは、すばらしいフレーズ構成だと思います。

異なるリズムはケンカするか

グルーヴ、アクセント、ダイナミクスの話を覚えているでしょうか？　4拍を繰り返すとき、ある拍（たとえば2拍と4拍）を強拍としてアクセントを置くとリズミカルになり、ダイナミクスのメリハリが生き生きとします。そして3拍子の場合なら、多いパターンでは1拍目に強拍のアクセントが置かれます。

ここで問題です。これらのアクセントを持った4拍子と3拍子、この2つのビートを重ねると、いったいどうなるでしょうか？

たとえばピアノが4拍子を弾いていて、ギターが同じテンポで3拍子を弾く場合。上の図を見るとわかりますが、同じ拍の単位なのに拍数が違うので、小節ごとに1拍ずつずれていって、12拍後にふたたび足並みが揃うことになります。

ピアノに集中すれば4拍子の表現性を感じ、ギターに集中すれば3拍子の表現性を感じます。どちらに偏ることなく全体の音を聴いてみると、4拍子と3拍子が絡み合う、新鮮で複雑なアクセントの重なりによって、より生き物らしさのあるグルーヴが感じられます。このことをポリメーター（多拍子）と呼びますが、拍の単位だけではなくて、音価の分割レベルでもヒット曲でよく使われる生命力のリズム要素になっています。

スキマスイッチ〈全力少年〉の冒頭、ピアノのメロディを聴いてみてください。右手で「シドソシドソシドソ……」と3つの音を均一に繰り返すリズムが、3拍子の表現性を持っています。しかし左手が同時に4拍子のリズムをしっかりと出していて、右手と左手を合わせてポリメーターの表現効果を出しています。

この効果を聴いてみて、実際にどう感じるでしょうか？　右手のメロディとリズムがシンプルに繰り返されているだけなのに、異拍子と重なるだけでリズミカルに聴こえませんか？　ドラムやベースのリズム隊が参加する前に、リスナーの注目を集める生き生きとしたグルーヴ感がたっぷりと出ていると感じます。

3+3+3+3+4はいくつ?

ポリメーターと似た効果で、ヒット曲でよく聴くのは、16分音符で3つごとにアクセントを置くリズムです。16分音符は1小節内で4つずつの区切り「4+4+4+4」の組になるのがオーソドックスですが、ヒット曲では多拍子的なアクセントパターンを出す「3+3+3+3+4」が数多く見られます。実はクラシック音楽でも古くからある手法なのですが、まずは次ページのエクササイズで実感することから始めましょう!

……できましたか? すぐにできたなら、すばらしいことです! できなかった方、心配はいりません。できない方が多数派で、まったく恥ずかしいことではありません。できた、できないにかかわらず、その難しさや不思議さを感じたなら、あなたは多拍子の表現性を味わったことになります。

「3+3+3+3+4」の16分音符のパターンにはバラエティに富んだシンコペーション効果があります。「1e&a」のカウントに置き換えると、「1、a、&、e、4」のリズムになり、1と4だけオンビートで、あとは全種類のオフビートが出ています。表現効果としては、小節ごとにまず下向きの動きから始まって(1)、それから上向きでバランスが崩れそうな動きに変わって(a、&、e)、最後に下向きの動きに戻る(4)。こういう

【シンコペーションを実感しよう 2】

a 「1、2、3、4」と4分音符で足踏みをします。

b　aをキープしながら、16分音符で「1 2 3 4」と発声します。
これまでお伝えしていないカウント方法ですが、
多拍子を実感するためにトライしてみてください。

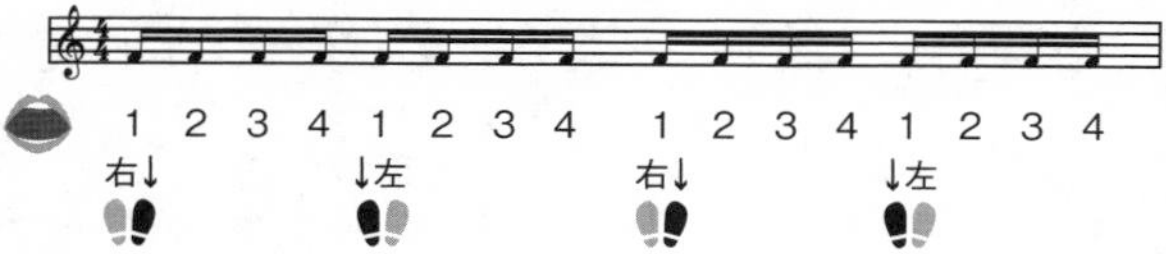

c　足踏みのリズムもカウントのリズムもbと全く同じですが、
カウントを「1 2 3/1 2 3/1 2 3/1 2 3/1 2 3 4」
とします。

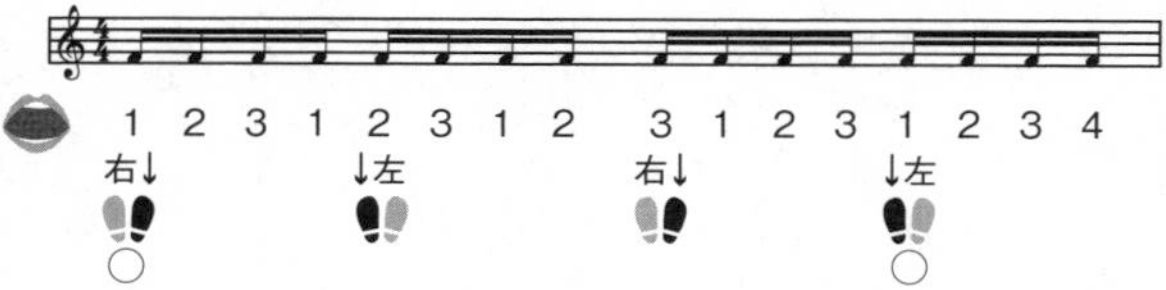

1拍の先頭と4拍の先頭だけ足踏みのアクセントと揃っています。
bと違って、足踏みとカウントがずれていくように感じませんか？

グルーヴの循環になっています。リスナーをノリノリにさせてくれるリズムで、多くのヒット曲で聴きます。

篠原涼子 with t.komuro〈恋《いと》しさと せつなさと 心強さと〉では、歌のリズムも伴奏のリズムも「3＋3＋3＋3＋4」がたくさん出てきます。冒頭のサビの後、30～46秒あたりのインストの伴奏を聴くと、そのままのリズムです！

このリズムは、1970年代以降のファンクミュージックでも、ギターのカッティングに代表的なものです。ジェームス・ブラウン〈ザ・ペイバック〉の0分41秒から始まるギターリフが良い例です。ピンク・レディー〈カルメン'77〉のイントロ、0分13～18秒のオーケストラによるリズミカルなメロディもこれです。もちろん現代のヒット曲でもよく使われます。LiSA〈紅蓮華〉のメインギターのリフ（たとえば0分13～20秒）もやはり、「3＋3＋3＋3＋4」です。

3つのリズムは共存できるか

2つの異なった拍子によるポリメーターのお話をしましたが、3つの異拍子となると、どうでしょうか。この説明をするのに、Perfume〈ポリリズム〉の1分31秒～2分1秒の間奏部分が実にすばらしい例で、リズムの生き物らしさが感じられます。丁寧に見ていきましょう。

1分31秒～1分41秒ではバスドラムが曲の基本ビート、4拍子の4分音符を出しながら、それに対してシンセのベースが3＋3＋3＋3＋3……と3つごとの16分音符にアクセントを付けていて、基本ビートからずれていって、2つのリズムが小節の1拍目でふたたび出会うまで3小節もかかります。

でも、さらにその上で歌が「ポ・リ・リ・ズ・ム」と5音節で均一な8分音符のリズムを繰り返すので、このリズムも間奏の1小節目の1拍目から始まりますが、4拍子の基本ビートの小節の1拍目と再整列するまで5小節もかかります。3拍子、4拍子、5拍子、3つのリズムが小節の1拍目に再整列するまで、15小節間の非常に長い、かつ珍しい奇数の小節数のフレーズになる重なりです。でも、実際には途中で1分41秒から歌が「リ・ズ・ム」と3つずつの8分音符に変わって、また1分46秒「ポ・リ・ル・ー・プ」と5つに戻って、1分53秒から「ル・ー・プ」とまた3つに変わって、最後には1分59秒から「プ・プ・プ・プ・プ……」とシンセベースのリズムに合わせて終わります。

バスドラムも1分47秒～2分1秒で基本となる4拍子の4分音符をやめて、シンセと一緒に「3＋3＋3……」の16分音符のアクセントに変わります。それによってリスナーは基本のビート感のバランスを失いやすくなり、グルーヴによって身体を宙に浮かされるような効果を実感します。

間奏の30秒間に、これほど多種多様な展開と、ダイナミクスとシンコペーションの変化を見せるのは本当にすごいことです。打ち込みのエレクトロニック・ミュージックにもかかわらず生命力にあふれたリズムです。生演奏でもここまでの生き物感はなかなか表現できません。大勢のリスナー達の注目を引いて、心を掴んでいるのも納得の名曲で、何度聴いても新鮮さがあります。

2拍3連のポリリズム

ポリリズムと言えば、もうひとつ生命力に富んだリズムの作曲テクニックは、ポリメーターや16分音符の3つごとのアクセントで少しずつずれていくリズムではなく、同じ拍数の間にぶつかる異音価が重なるリズムです。

しかし、普通に8分音符と16分音符が同時に鳴るのはポリリズムとは言いません。これは綺麗にそれぞれかみ合う分割です。左の図のように8分音符と3連符を重ねるとポリリ

【異なる音価が重なればすべてポリリズムになる？】

8分音符と16分音符を重ねると……

× ポリリズムではありません。16分音符は8分音符を分割したもので、8分音符ごとに音が揃います。

3連符と8分音符を重ねると……

○ ポリリズムです！　3連符と8分音符は分割できる関係になく、拍と拍の間で音が揃うことはありません。

ズムになります。一つ目の音だけ一緒に鳴りますが次の拍までかみ合わない、それぞれ独立したリズムです。次ページのエクササイズで表現効果を実感しましょう！

……いかがでしたか？　ご自分1人を2人（もしくは3人）に分割できましたか？　がんばっても上手くいかずに、頭が痛くなってしまった人には謝ります！　最後に「2拍3連」という、ヒット曲に最も多いポリリズムを作ってみましょう。

109ページの図が2拍3連のポリリズムです。やはり体のバランスや調整が保ちにくい、生命力豊かなリズム表現ですね。これを実感できたかわからない方には良いニュースがあります。

【ポリリズムを実感しよう】

a　４分音符で足踏み、８分音符で手拍子をします。

タ タ タ タ タ タ タ タ　タ タ タ タ タ タ タ タ

1 2 3 4　1 2 3 4

右↓ ↓左 右↓ ↓左　右↓ ↓左 右↓ ↓左

b　aの手拍子を止め「いち、に、さん」と繰り返しカウントします。

いち に さん いち に さん いち に さん いち に さん　いち に さん いち に さん いち に さん いち に さん

1 2 3 4　1 2 3 4

右↓ ↓左 右↓ ↓左　右↓ ↓左 右↓ ↓左

c　いよいよポリリズムを実感する時がきました！

bに８分音符の手拍子を加えましょう。

いち に さん いち に さん いち に さん いち に さん　いち に さん いち に さん いち に さん いち に さん

タ タ タ タ タ タ タ タ　タ タ タ タ タ タ タ タ

1 2 3 4　1 2 3 4

右↓ ↓左 右↓ ↓左　右↓ ↓左 右↓ ↓左

２拍３連のリズム：

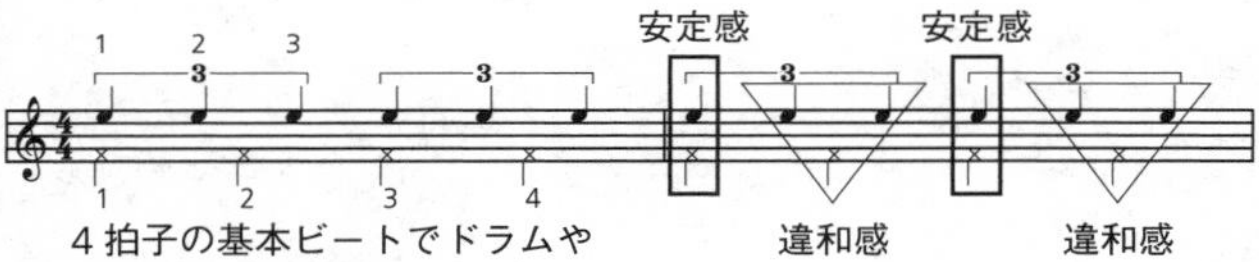

ポリリズム的な効果ですが、ずっと違和感が続く訳ではありません。４拍子の１拍目と３拍目でアクセントが重なることで、定期的に安定感を感じさせる、小気味良いリズムです。西アフリカのドラム音楽は、この２拍３連に基づいたグルーブが定番となっています。

小田和正〈ラブ・ストーリーは突然に〉のサビ、「あの日 あの時 あの場所で 君に会えなかったら」を口ずさめる方は多いのではないでしょうか？ 実はこれがすべて2拍3連です！ つまり、この曲を聴くだけで2拍3連の表現効果を実感できます。チェッカーズ〈涙のリクエスト〉1分11秒の「悲しい恋を」も2拍3連の良い例ですから、ぜひ聴いてみてください。

第4章　リズムの魅力（APPEAL）

リズムから発生する魅力とは

ここまでは4つの条件のうち、生命力のお話でした。僕たちが愛するヒット曲のリズムにとって、この生命力が重要な要素となります。予想できなかったり、バランスを崩したり、変わったリズムが目立つ瞬間のおかげで、曲のリズムの音は僕たちの注意を引く効果があります。でも、ヒット曲は驚かせるようなリズムの要素ばかりではありません。「わ！ 今のびっくりした！」と思わせるリズムは、一瞬で僕たちの集中力を更新しますが、そればかりが続くと、次に何が来るかわからないという不安が解消されず、聴いていて疲れるだけでしょう。「わっ！ 今のテンポの変化、びっくりした！ わっ！ この激しいシンコペーション、びっくりした！ わっ！ わっ！ リズムが不均一すぎてびっくりした！ わっ！ ダイナミクス激しい！ わっ！ ポリメーター！ わっ！ ポリリズム！ わっ！ わっ！ わっ！」……こんなふうに思わされる曲、しんどいですよね。「もうええわ！」とスキップされてしまうかもしれません。

生命力の要素は、強制的に僕たちの注意を数秒間引く効果をもたらします。注意を向けた後、自発的に聴きたいとリスナーに思わせる魅力（APPEAL）もヒット曲に欠かせない要素なのです。

気持ちの良いダイナミクス

小さな音があったり大きな音があったり、ビートが動いたり止まったりするリズムは楽曲に生命力をもたらします。しかし、そうしたメリハリがあまりに極端な場合は、いつまでも落ち着かないホラー映画の効果音のようになってしまうおそれがあります。

ヒット曲のダイナミクスがときどき極端に変化し、生き物っぽい瞬間があるにしても、一定の音量で聴いていて滑らかで快感なダイナミクスのメリハリがあります。具体例を挙げるまでもなく、ほぼすべてのヒット曲がそうした構造を持っていますから、これを実感するためにお気に入りの曲をかけてみてください。

小さすぎると感じるくらいの音量で好きな曲を聴いてみましょう。小さい音量で聴くと、ダイナミクスの変化が目立つのです。おそらく曲の最初から最後まで同じぐらいの音量になっているでしょう。落ち着いた部分でも、盛り上がっている部分でも、音量に極端な差はないはずです。

これは作曲や演奏によるテクニックでもあるのですが、レコーディングエンジニアの技術も大きな役割を担っています。彼らはミックスやマスタリングという作業を通して、効果的なダイナミクスを模索しています。「あれ？　Aメロが聴こえない」とか、「サビがうるさい！　耳痛いわ！」とリスナーに文句を言われないように、ダイナミクスが極端にならないように工夫してくれているのです。この音作り、環境作りがあってこそ、リスナーは曲の魅力に引きつけられていくんですね。ヒット曲が魅力を備えるために、エンジニアの仕事はとても大切なのです。

基本は「わかりやすさ」

曲を聴いていて、何がどうなっているかだいたい想像できたり、感覚的にパターンを処理できるかどうかがリズムの魅力にとって大事な要素です。

4分音符で強いオンビートを感じさせるリズムはわかりやすいし、聴いていて安心できます。これはエレクトロニカやダンスミュージックのバスドラムに代表的で、DA PUMP〈U. S. A.〉、ピチカート・ファイヴ〈東京は夜の七時〉、くるり〈ワンダーフォーゲル〉、浜崎あゆみ〈Boys & Girls〉が良い例なので、ぜひバスドラムに集中して聴いてみてください。

フォークやロックをはじめとしたオールジャンルでも、オンビートをわかりやすく強調しているヒット曲があります。なかでも僕のお気に入りはガロ〈学生街の喫茶店〉。しっかりと地に足をつけるようなオンビートがとても気持ちいいでしょう？　久保田早紀〈異邦人〉にも同じ表現効果があります。

これらはすべてリズムの生命力もたっぷり持っている曲ですが、意外性のあるリズムの要素と、オンビートのわかりやすさが良いバランスを保っているのです。その生命力で僕たちの注目を引いて、さらに魅力によって自発的に聴き続けようと思わせてくれます。

Perfume〈ポリリズム〉にもまさにそのバランス感があります。新鮮かつ複雑なリズム構成なのに、間奏の1分47秒〜2分1秒以外は、わかりやすく強調するバスドラムのリズムになっています。生命力と魅力がすばらしいバランスで釣り合っています。

連続する8分音符（エイトビートとも言われます）もとてもわかりやすく、これを用いたヒット曲は数え切れません。とくにドラムのハイハットで定番ですし、伴奏のベースラインでも非常に多く聴きます。第3章で郷ひろみ〈2億4千万の瞳〉のシンコペーションについて解説しましたが、その生き生きとしたシンコペーションの裏で、ベースがわかりやすい連続8分音符を出していて、聴きやすいバランスを作り出しています。

多くのヒット曲の歌のリズムでも連続8分音符をよく聴きます。ほんまに楽しい曲なんやけど、ザ・ドリフターズ〈ドリフのズンドコ節〉の「ズンズンズンズンズンズンドコ」

を聴いてみてください。とてもわかりやすく、気持ちの良い連続8分音符です。

8分音符の倍の速さを持つ16分音符でも、連続しているとわかりやすくなり、癒やしてくれるような安定感があります。ファンクやディスコの雰囲気を持ったヒット曲では、ドラムのハイハットがこの役割を果たしていることが多いです。Suchmos〈STAY TUNE〉の0分11~57秒のハイハットがとくにわかりやすいので、ぜひ参考に聴いてみてください。

ハイハット以外の楽器による連続16分音符もヒット曲でよく聴きます。ゆず〈夏色〉は生命力豊かなリズムの要素も持ちながら、安定感のある、わかりやすいタンバリンの16分音符が気持ち良く連続しています。aiko〈ボーイフレンド〉のバンジョーもほとんどの部分で連続16分音符のリズムに乗っています。これらの曲はすべて、わかりやすくて、リスナーが処理しやすいリズムの魅力をもたらしています。

変拍子はヒット曲にならない？

前章でヒット曲は4拍子が多いと言いました。おそらく99・5%のヒット曲は4拍子でしょう。4拍子はなんといってもわかりやすくなじみやすい、「自然」に感じるリズムなので、安心して気持ち良く聴けます。リズムの生命力の話では、一時的な変拍子や、ポリメーターとポリリズムの話をしましたが、Perfume〈ポリリズム〉も含めて例として挙げた曲はすべて基本ビートが4拍子の曲でした。ほとんどのヒット曲は、生命力を感じるリズム遊びを、4拍子の魅力によって支えているのです。

4拍子以外のヒット曲について、残りのうち0・4%が3拍子でしょう。3拍子はいわゆるワルツのリズムで、クラシック音楽に多く、ジャズの例も少なくありません。ポップスではどうかというと、J-POPではRCサクセション〈スローバラード〉、洋楽ならビリー・ジョエル〈ピアノ・マン〉が歴史に残る名曲ですね。これらの曲の年代を見ても、現在より1950〜70年代は3拍子のヒット曲が多かったと思います。現在でもまったくないわけではありませんが、この数十年間は減少傾向にあるように見えます。

残り0・1%――4拍子と3拍子以外のヒット曲はその他の変拍子です。SMAP〈Top Of The World〉は曲の始めから終わりまで7拍子ですが、こうした変拍子の曲がヒット曲になったというのはなかなかないことです。ちなみに洋楽では5拍子のスティング〈セヴン・デイズ〉、7拍子のピンク・フロイド〈マネー〉などがありますが、これ以外はなかなか思いつきません。

変拍子といえば、チャットモンチー〈シャングリラ〉のサビでは、4拍子が4小節続いてから、「(僕の胸)で泣いてくれよ」の1小節だけ5拍子に変わり、また「シャングリラ……」と4拍子に戻ります。この5拍子の小節には生命力があふれていて、特別な感触をもたらす瞬間です。その前後に安定感のある4拍子を置くことで僕たちは安心して聴けるのです。これこそが生命力と魅力が同時に発せられている良い例です。

また、プログレッシヴロック、メタル、マスロックでも変拍子のええ曲が無数にあります。最近の日本のアーティストではtricot《トリコ》を好んで聴いています。僕は変拍子に対する抵抗がなく、逆に変拍子に大きな魅力を感じます。ちなみに、ブルガリアの民謡は、そのほとんどが変拍子であることで有名です。地元では大勢のリスナーが変拍子に慣れているので、変拍子による民謡調のヒット曲が数多くあります!

現代の日本やアメリカでは、サブスクリプションサービスなどで再生数が億を超える変拍子のヒット曲はまだ珍しいですが、変拍子の曲をたくさん聴いて、慣れていきましょう。そして魅力的に感じる人が増えれば、変拍子のヒット曲も増えると思います。

健康的なリズムのバランス

毎日の睡眠、食事、仕事や学校のスケジュールといった生活リズムがバラバラになると、健康を保ちにくくなります。それらがめまぐるしく変化すると、心も体も疲れて、生活が不安に覆われることもありますよね。

では、平日と週末の区別がなく、完璧に同じスケジュールで同じ内容の仕事や勉強を続けるのはどうでしょうか。これはこれで、刺激がなさすぎてストレスを感じてしまうと思います。平日は仕事場や学校に行って、週末は普段行かないところに出掛けるとか、仕事や勉強でも、時間や気持ちに余裕ができたときに新しいチャレンジに取り組んだりすると人生が楽しくなりますね。

1日に100の作業があるなら、そのうちすべてが新しいことや難しいことである必要はありません。反対に、すべてが飽き飽きするようなルーティンワークでなくても良いのです。慣れていることと新しいこと、易しいことと難しいことのバランスを取ることが大切です。

そして、その最適なバランスは人によって違うでしょう。新しいことを始めるのに慎重な人なら、1日に100ある作業のうち、ひとつでも新しいことができたら、それだけで刺激と達成感のある1日だったと感じるかもしれません。チャレンジ精神あふれる人なら、1日に75の慣れた作業をして、25の新しい仕事をすることに生きがいを感じるかもしれません。

ヒット曲のリズムも、このバランスと非常によく似ています。変化し続けるばかりで、次にどんなリズムが来るかまったく予想がつかない数分間は、多くのリスナーにとって摑みどころがなく、楽しくない時間でしょう。

生命力がたっぷりあるとしても、慣れないリズムを聴かされるより、繰り返しを含んだなじみやすいリズムの方が、リスナーは安心して聴くことができます。一方で、まったく同じリズムが繰り返されるばかりでは楽しめません。ときどきでも生き物らしさのあるリズムの要素がないと、リスナーはいつのまにか音楽に集中しなくなって、ちょっとした物音とか、天候の変化など、身の周りで起こっている環境の変化に気を取られてしまうでしょう。多くの人がええなあと感じるヒット曲は、このバランスを上手くとっています。

なじみやすい繰り返し

理想のバランスはリスナーによって違いますし、1人の人間でも、それが変化することもあると思います。僕は子どもの頃、わかりやすくて安定感のある、繰り返しが多いリズムを好んでいて、たまに聴き慣れない変化を耳にすると新鮮に感じて喜んでいました。でも、予測不能なリズムばかりの音楽は雑音だと感じていました。当時の僕にとって、理想的なバランスは95％の安定と5％の不安定だった印象ですが、ギターにのめりこんだ中学時代は、激しいリズムで刺激を与えてくれるメタルが大好きでした。そのとき好んでいたバランスは、80％の安定と20％の不安定に変化したのです。

メタル好きのキャピタル少年にとって、家族揃って車で出かけるときのラジオのチャンネル争いは大変でした。妹はポップスを聴きたがるのですが、僕は「こんなくだらんリズムを聴いていられるか！」と主張して、メタルが流れるラジオ局に無理やり変えさせていました。僕にとって、メタルは生命力たっぷりで魅力的なリズムでしたが、妹だけでなく、両親も毒蛇に襲われているかのような表情をしていたことをよく覚えています。

それから高校生活の終わりくらいになって、奇才と称されるフランク・ザッパのほか、メシアンやストラヴィンスキーといった20世紀のクラシック音楽もよく聴くようになりました。どれもマニアックな構成による、生命力が爆発しているようなリズムに惹かれたのです。この頃の好みのバランスを表すと、10％の安定と90％の不安定ですね。子どもの頃とはずいぶん様子が変わりましたが、音楽を楽しんでいることに変わりはありませんでした。

現在の僕が考える理想的なバランスはというと、実はあらゆるものを好んで聴いています。安定：不安定が99：1でも、1：99でも、それぞれの楽しみ方を知ったからです。たとえば、ピラティスやヨガをするときは安定度が高く、リラックスできるリズムの曲を選びます。サスペンス映画を観ているときに不安定さが高いリズムのBGMが流れると、恐怖感が増して、ドラマの世界に入り込むことができます。また、ラジオやテレビで繰り返し流れ、多くのリスナーに愛されるヒット曲のリズムバランスは、安定：不安定の割合が85：15から95：5くらいであることが多いように思います。

リズミカルで格好良い、きゃりーぱみゅぱみゅ〈にんじゃりばんばん〉がすばらしい例で、サビの歌部分が非常に面白いリズムです。「鮮やかに恋してにんじゃりばんばん／なんだかにんじゃりばんばん／bloom bloom bloom 花びらも舞う」で4小節ですが、音価が遅くなったり速くなったりしていて、生き物らしさを持っています。でも、ランダムには聞こえません。

この4小節とほぼ同じ構成を持ったリズムが歌で16回（伴奏も入れたら18回）繰り返され、「にんじゃりばんばん」というフレーズが土台を築いているので、初めて聴くリスナーでもリズムを摑みやすくなっています。4分26秒ある尺の半分以上がこのリズムの繰り返しですから、豊かな生命力となじみやすい魅力を兼ね備えていると言えます。

間奏やエンディングの伴奏リズム（たとえば0分45秒〜、1分58秒〜、3分58秒〜）にも繰り返しが含まれていて、この3か所に組み込まれたリズムの繰り返しは、合計で45秒ほどあります。Aメロの「見えていたものが」も繰り返しを意識しながら聴いてみると、ランダムに組み込まれているわけではないことがわかります。このフレーズも曲の前半と後半に2回ずつ、合計で約55秒あります。つまり〈にんじゃりばんばん〉という曲全体のリズムが生命力を持ちながら、4分26秒のうちの3分55秒（時間にして88％）と大部分で主旋律のリズムが繰り返されることで、なじみやすい魅力もたっぷり持っているのです。

第5章　リズムの一体感（IMMERSION）

音楽世界の旅人になる

ええ曲のリズムには、生命力と魅力の両方が必要なのですが、この2つの要素だけで時代を超えるヒット曲になるかというと、難しいと思います。

まずリスナーの注目を数秒間摑むのは生き物らしい、意外な変化があったりするリズムです。さらに数十秒間続けて聴くか、次の曲にスキップするかはリスナーの判断次第なので、なじみやすくて安心して聴けるリズム、つまり自ら「聴きたい」と思わせてくれる魅力を持つリズムが大事です。そして数十秒ではなく数分もの間、曲の世界にリスナーを引き込むためには、リズムの一体感（IMMERSION）が鍵となります。これは、リズムが僕たちの身体の内側まで響いて、その動きが気持ちと共鳴することによって身体が動き出してしまう感覚を指しています。一体感が効果を発揮すれば、僕たちは音楽の中に吸い込まれて、リズムに乗りながら曲の中を旅している気分まで味わえるのです。

第2章以降、ダイナミクスやシンコペーションによってメリハリがつけられたグルーヴから、僕たちは「動き」を感じられると説明してきました。この効果は一体感と深く関係しています。音楽を聴いていて、上下左右、あるいは前後に少しでも動きを感じたなら、その時点で「一体感がある」ということになります。グルーヴに深みがあって、体の隅々までビートを感じさせるリズムほど、完璧に近い一体感をもたらします。

DA PUMP〈U. S. A.〉、浜崎あゆみ〈Boys & Girls〉、ガロ〈学生街の喫茶店〉、久保田早紀〈異邦人〉の強調されたオンビートの気持ち良さについてもお話ししました。その効果のさらにわかりやすい例として、皆川おさむ〈黒ネコのタンゴ〉を聴いてみてください。サビの「黒ネコのタンゴ タンゴ タンゴ」と歌ってはるところの強いオンビートのグルーヴに、身体が上下する動きを感じませんか？ ピンク・レディー〈カルメン'77〉のAメロで「私の名前は カルメンです」という部分、ベースの強いオンビートからも上下の深いグルーヴが感じられます。アメリカの大学の講義でこれらの曲を学生たちに聴かせると、皆無意識に頭を上下に揺らしていました。次に、寺尾聰〈ルビーの指環〉、安室奈美恵〈CAN YOU CELEBRATE?〉、宇多田ヒカル〈Automatic〉、King Gnu〈白日〉、そして藤井風〈何なんw〉を聴いてみてください。これらは16分音符のスウィングのグルーヴを持っていて、上下に加えて左右の動きもあり、丸みのあるグルーヴを感じさせてくれます。

「一曲」というのは、定まった期間に音が鳴り続けたものだけではありません。「一曲」はひとつのストーリーなんです。歌詞によるストーリーもあります。そのストーリーが感動的な映画のようなときもあれば、非常にシンプルなラブストーリーの場合もあるのです。

一見意味がよくわからない歌詞もありますが、ランダムな流れの物語に感じても、すべての歌詞は「なにか」を表しているストーリーなんです。

そして歌詞以外にも、伴奏や歌がないインストの曲であっても、リズムやメロディ、ハーモニーそのものが表現する、音の感情の流れが「表現物語」になっています。始まりと終わりがあり、その間に色々な音の動きがある数分間のストーリーです。ええ曲はリスナーにそのストーリーを聴かせてくれるだけではなく、経験させてくれるのです。僕たちが主人公の気分になって、曲の中に入り込んで、音の中の世界を旅するということです。リズムはその旅の交通手段であり、グルーヴが聴く者の身体を動かしながら、音楽世界の中に招き入れ、リスナーは曲の終わりまでの数分間、そのグルーヴに乗り続けるんです。

〈コーヒー・ルンバ〉のクラーベ

西田佐知子〈コーヒー・ルンバ〉のリズムに合わせて、体を動かしてみましょう。踊ってもいいし、歩いてみてもいいし、座った状態で小さく動くだけでもいいです。無理にリズミカルに動こうとしなくて大丈夫です。ポイントは、リラックスした動きをしながら、音楽から伝わってくるグルーヴを受け入れて、感じ取ってみることです。この曲は安心感のある4拍子ですが、上下だけの平面的な動きではなく、左右前後の動きを感じる立体的なグルーヴを持っています。その立体感には重さがなく、まるでグルーヴに浮かされて身体が軽くなったように感じる効果があります。これこそがクラーベの効果です。

クラーベはアフロ・ラテン音楽で使われる木製のパーカッションの楽器で、日本の拍子木に似ています。〈コーヒー・ルンバ〉ではイントロのベースの後、「カッ、カッ」という高い音が聴こえてきます。とても目立つ音色で、それ自体がリスナーの注意を引く生命力にあふれたサウンドですが、魔法の秘密はクラーベが繰り返すリズムパターンにあります。

Aメロの歌詞「昔アラブの偉いお坊さんが」の後ろで鳴っているクラーベのリズムに集中して聴くと、3回、2回、3回、2回というパターンがしばらく続きます。「123、12……」とカウントをするとよくわかります。「(飲みものを教えて)あげました」のリズムのキメではクラーベのパターンが一時的に変わりますが、曲の時間で換算して9割以上、クラーベがこのリズムを刻んでいます。これを「3・2クラーベ」と呼びます。

クラーベの由来と効果については、僕のユーチューブチャンネルでOfficial髭男dism〈宿命〉の解説をしたものがありますので、そちらも参考にしつつ、次ページの図をご覧ください。西アフリカの伝統的なドラム音楽には、4拍子と6拍子を同時に鳴らすポリリズム

【クラーベを実感しよう】

a　西アフリカの伝統的なドラム音楽の基本
4拍子と6拍子を同時に叩くポリリズムです。

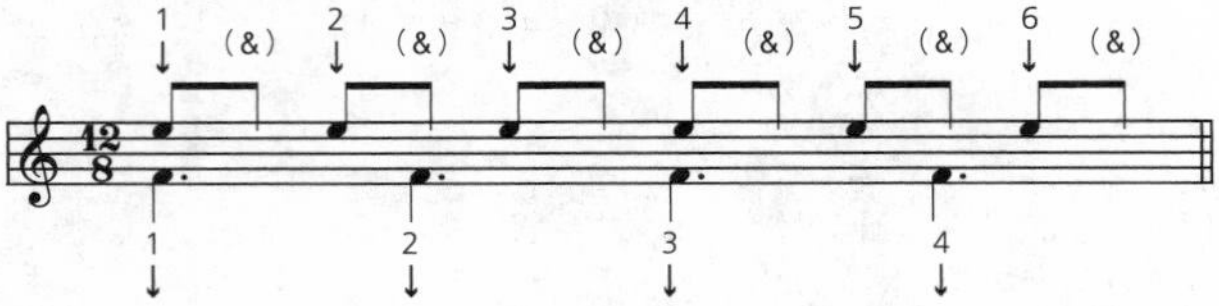

b　ベルパターン。aの6拍子側で、前半はダウンビート、
後半はアップビートにアクセントをおき、メリハリをつけます。

c　クラーベ。bのベルパターンにしています。
ベルパターンから2つのアクセントを減らしたパターンです。

を基本としたビートがあります。4拍子と6拍子がそれぞれオンビートを強調し、ポリリズムが基本となっていることで強い生命力のあるグルーヴとなっています。しかし、bの金属のベルが叩くパターンは6拍子で、前半は「↓オン、↓オン、↓オン」と下向きのアクセントで、後半は「↑オフ、↑オフ、↑オフ」という上向きのアクセントになっています。前半は地面に着地する感覚、後半は地面から離れる感覚になります。

これが繰り返されることによって、「↓↓↓↑↑↑↓↓↓↑↑↑」という、規則性を持ったアクセントが作り出すグルーヴの波になります。僕はこれを「シンコペーションの波」と呼んでいます。この波に1回乗ってしまったリスナーは、曲の世界に導かれて、そのまま曲の最後まで物語を航行することになります。

西アフリカで生まれたこのリズムは、現地で誘拐され、奴隷にされた人々とともにキューバに渡り、ルンバやソンといった音楽の起源となりました。3・2クラーベは、シンコペーションの波を作り出すベルパターンのアクセントを2つだけ減らしたリズムで、効果はそのままです。それが〈コーヒー・ルンバ〉のグルーヴから身体に感じる音の魔術です。〈宿命〉の解説動画でも言ったように、初期R&Bやロックの礎石であるボ・ディドリーがこのリズムでギターの伴奏を弾いて、そこから今までも、クラーベ以外の楽器で多くの人に愛され続けるヒット曲に、このリズムが多く使われています。

シンコペーションの波が〈どうにもとまらない〉

キューバの伝統的な3・2クラーベや、そのアクセントの順番を逆にした2・3のクラーベパターンは、現代のヒット曲でも多く使われています。細部の違いはありつつ、これらをアレンジしてオンビート、オフビートによる規則的な波を作り出すリズムをオールジャンルのグルーヴで耳にします。

CHAGE and ASKA〈YAH YAH YAH〉を聴いてみましょう。1度目のサビで「YAH YAH YAH……」と歌ってはるところの伴奏に注目してください。ベースやギター、ホーンセクションが奏でているリズムは3・2クラーベに近く、ひとつの音が16分音符ひとつ分だけずれています。その結果、第3章でお話しした、103ページのc「3＋3＋3＋3＋4」のリズムとなって表れています！ ジェームス・ブラウン、ピンク・レディー、篠原涼子 with t.komuro、LiSAなど、時代を超えるヒットメーカーたちがこのリズムによって、生命力と音との一体感を僕たちに届けてくれます。

山本リンダ〈どうにもとまらない〉も聴いてみましょう。カウベルが刻んでいるリズムパターンはクラーベそのものでもなければ、「3＋3＋3＋3＋4」でもありません。16分音符のアクセントは「↓↓↓、↑↑↑、↓↓」という流れで、これも規則的なシンコペーションの波を作っています。このパターンはキューバ音楽よりも、サンバやボサノバといったアフリカ系ブラジル音楽のリズムからのルーツを感じます。そのほか、ロックやメタルのギターリフ、歌のリズムで活躍しているグルーヴでもあります。BABYMETAL〈KARATE〉の「↓セイ↓ヤ↑セ↑セ↑セ↓セイ↓ヤ」もそうですし、THE ALFEE〈星空のディスタンス〉の0分13秒からのメインギターリフも非常によく似たパターンです。

楽器演奏や音楽理論の専門的な学びの場では、クラーベ以外にもさまざまなリズムのバリエーションを、音符を使いながら具体的に実感することができると思います。しかし、楽器を弾けず、音楽理論の知識がなくても、皆さんに覚えておいていただきたいポイントがあります。僕たちがリスナーとしてグルーヴに「乗って」、曲の中を旅する「動きを感じる」ヒット曲の一体感の効果には、シンコペーションの波を作り出す歌や伴奏のリズムに大きな秘密があるのです。

歌詞とフィットするリズム表現

歌詞については、単純に「言葉の意味を理解する」「読解する」という見方より、「メッセージを強く感じる」という観点が曲との一体感をもたらします。歌詞が「悲しい」だったら、リスナーが悲しさを感じたり、「うれしい」だったら、リスナーがうれしい気持ちになったりするということです。作詞力と歌唱力以外にも、作曲や編曲といった要素もこの効果を発揮するための大きな力を持っています。リズムと歌詞の表現性がフィットすると、歌詞にこめられたメッセージを感じやすくなります。はたして、悲しさやうれしさを強調するリズムとは、どんなものなのでしょうか？

第2章でテンポ、音価やダイナミクスとそれらの変化による表現性について探りました。速いテンポが疾走感や慌ただしさを表したり、ゆっくりとしたテンポが落ち着いた心情を表したりするのはわかりやすい例ですが、ヒット曲はさらに巧みな仕掛けによって、リスナーの感動を深めてくれます。

LINDBERG〈今すぐKiss Me〉は、171BPMという速いテンポで、グルーヴはストレートなロックそのものです。タイトルでも歌われている「今すぐ」というメッセージに完全にフィットしていて、サビのボーカルリズムも「いますぐーキースミー」で、「今すぐ」の音節が比較的速い。リスナーはここで「今すぐ」という言葉の意味を理解するだけではなく、曲の世界に存在する主人公の心情をしっかりと感じることができ、曲と一体化することができます。

MISIA〈アイノカタチ feat. HIDE（GReeeeN）〉はゆっくりとした92BPMで、全体的に落ち着いたリズムで歌詞の大切なメッセージをじっくりと味わえる表現性のテンポとグルーヴです。AメロとBメロはほとんど8分音符に基づいていて、聴きやすい魅力をたっぷりと備えています。しかし、Bメロの最後、「きっと隙間を作ってしまうね」のリズムが「すきまをーつくーってーしまーうねー」となり、一つひとつの文字の間に、実際にリズムの隙間ができています。そのあとサビに入り、「あのね」は普段の会話としては、日本語のリズムに近くて自然なスピードです。「大好き」の4文字はすべてオンビートの4分音符で、ここの歌詞がとても強調されているように感じます。ちょっと好きなだけではなく、本当に大好きな気持ちが伝わってきます。

言葉とリズムが織りなす〈キセキ〉

GReeeeNといえば〈キセキ〉のサビも聴いてみましょう。「2人寄り添って歩いて」という速い音節の16分音符のリズムから始まることで、「あるーーいてーー」の「る」と「て」が4分音符を強調しています。試しに「2人寄り添って歩いて」と早口で言ってみましょう。そしてもう一度、原曲のリズムで歌ってみてください。「あるーいてー」をゆっくり伸ばす方が実際に歩いている気分に近いと思いませんか？　4分音符の「る」と「て」が、オンビートで右足、左足と着地するリズムと似ていますよね。もうひとつ、「愛してるじゃまだ」も試しに早口で言ってみてから、原曲のリズムで歌い直してみてください。ここでもやはり、「まーーーだーー」とゆっくり伸ばすリズムの方が、その言葉の意味をより表していますね。

ここでこんな声が聞こえます。「ドクター、あなたがこの2か所の歌詞を都合よく選んでいるだけでしょう？　だって、『永久《とわ》の愛を形にして』で『にーーーしてーー』と伸ばしているけど、『にして』という歌詞はゆっくりでも早口でも良いではないですか」非常に鋭い質問です。もちろん、すべてのリズムが歌詞の一言一句の意味を強調しているわけではありません。ソングライターたちがそれをしようとしたら、無理のある作業になってしまうし、すべてのリズムが歌詞の意味を強調していたらおそらくしつこくなってしまい、強調する意味が無くなってしまいます。そもそも歌詞にはたくさんの文字が並べてあって、とても重要な意味を持つ文字もあれば文法的に必要なだけの文字もあります。その選択と、いかにバランスを取るかが作曲技術の見せ所になります。

また、同じリズムを繰り返すことは魅力と一体感を表すための非常に重要な要素ですが、そのたびに歌詞も同じように繰り返してしまうと、メッセージ性が制限されてしまいます。テンポやグルーヴで全体的なリズムと歌詞をフィットさせることはよくありますが、僕らの愛するソングライターたちがピンポイントにリズムの表現を言葉に合わせる瞬間は、一層特別なものになります。その瞬間には歌詞のメッセージがよりリアルに伝わる効果があり、リスナーが曲に飲み込まれます。

リズムのレイヤー

荒井由実〈ルージュの伝言〉を聴いてみましょう。最初はドラムだけですが、その後ギター、ピアノ、ベースが入ってきて、仲間が集まってくるような雰囲気もあります。曲全体で、この4つの楽器がアンサンブルを聴かせるわけですが、それぞれ演奏するリズムが違うのです。「1、2、3、4」とカウントしながらまずはベースに注目すると、1拍と3拍を強調していることがわかります。ピアノはちょうどその間の2拍と4拍にアクセントを置いて、2拍の部分では速い8分音符を2回出していて、ベースとは対照的なリズムです。ギターもまた違うリズムで、「↓↓、↑↑」のシンコペーションの波を出しながら、ちょうど3拍のベースの音と、4拍のピアノの音との間にアクセントが置かれ、3つの楽器が会話をしているように聴こえます。さらにドラムのグルーヴも別のリズムで鳴っていて、これらがすべて繰り返される上で、歌がまた違うリズムで重なります。

絵画にたとえれば、キャンバスの全面が一色に染まっているものではなく、たくさんの違うものが描かれている作品に似ています。木があって、その下に人が座っていて、その横には川が流れていて、上部には太陽と雲が浮かぶ青空がある。そんな1枚の絵画があったとして、離れて観たときにはすべての要素が同時に目に入って、全体的な世界観を楽しむことができますが、描かれているものひとつずつに注目することでも、絵の世界を旅するような気分が味わえます。

また、キャンバスは平面的な構造をしていますが、遠近法や陰影の付け方によって立体的な表現をすることも可能です。さまざまな刺激があって、想像力を遊ばせることができる環境になっているんです。人物と目が合っているように感じたり、自分が絵の中にいることを想像して太陽の光を浴びたり、風や花の香りを感じたりできる――このように、優れた絵画にも一体感の力があるのです。

この感覚を〈ルージュの伝言〉を聴くことに置き換えましょう。すべての楽器の音をひとつのサウンドとして聴くこともできますし、ドラム、ギター、ピアノ、ベース、ボーカルそれぞれに集中して聴くこともできます。個別に注目できるのは、音程や音色が違って、ステレオの位置が実際に違うからです。ヘッドフォンで聴くと、とくにこの効果が際立ちますが、ギターが左側、ベースが真ん中、ピアノが右側で聞こえるようにオーディオミックスされているということです。しかし、音色とステレオの位置が違ったとしても、楽器のリズムがすべて一緒だと区別しにくくなり、ひとつの音の塊に聞こえたりします。

ここまで紹介した楽器のほかにも、後から入ってくるバックコーラスやヴァイオリンといったストリングスまで、違うリズムを出しているので、さまざまな刺激を味わえます。想像力を色々な方向に遊ばせることができ、広がりのある世界観で多くのリスナーを受け入れる……音の環境が整った名曲です。

ええ曲には世界がある

一体感を説明するために〈ルージュの伝言〉はまさにお手本となる例でしたが、実はすべてのヒット曲がこうした構造を持っています。僕の知る限り、歌と伴奏の楽器すべてが始めから終わりまで、まったく同じリズムをユニゾンで奏でるヒット曲はなかったですし、今後も出てくることはないと思います。やはり複数の楽器がそれぞれ違ったリズムを出している方が生命力豊かで、一色に染まったキャンバスにはないさまざまな刺激と奥深さでリスナーを包んで、一体感を与えてくれるのです。

ここで一旦休憩して、ご自身のお好きな曲をいくつか聴いてみてください。歌、ドラム、ベース、そのほかにどんな楽器が入っているか数えてみて、それぞれのリズムに集中してみてください。ひょっとしたらベースよりもギターの方がリズムが速いとか、もしくはその反対になっているかもしれません。ピアノのリズムの方が、バックコーラスより均一かもしれません。それぞれの演奏に注目することは、曲の世界を探検することと同じです。

グルーヴを感じながら、最初から最後までリズムの流れに乗って、リズムが表現する物語の主人公になったかのように感じられる。音楽を客観的に聴くだけではなく、グルーヴを交通手段として、いつのまにかリズムの旅に出発している——これがええ曲のリズムが授けてくれる一体感です。

第6章　リズムの恩恵（REWARD）

音楽がもたらす恩恵

本章ではいよいよ最後の条件、恩恵（REWARD）について解説します。その前に、ここまでの3つの条件を簡単におさらいしましょう。音楽に集中せず、BGMのように流し聞きしている人を想像してみてください。この人の周りには色々な音が重なっていて、音楽も含めたすべての音は環境音にしか聞こえない状態としましょう。

ある瞬間、耳に届いた音楽が持つリズムの生命力（LIFE）がその人の注意を引きます。そして「このリズムは聴いていて気持ちええなあ」と数十秒間聴き続けたのなら、魅力（APPEAL）を感じたということです。さらにその音楽との一体感（IMMERSION）を覚えたなら、曲の終わりまで聴いてしまう。その間、リスナーは曲のリズムの表現性を感じているんです。

この3つの条件があれば曲を最後まで聴くと思いますが、1回だけ再生されても、それではヒット曲にならないし、リスナーにとっては「めっちゃええ曲！」と認識されないかもしれません。「一応最後まで聴いたけど、もう次は聴かなくてもいいかも」と思わせる曲なら、そこで終わりですね。ほんまにええ曲と判断されるためには「聴いてよかった！また聴きたい！」と思わせてくれる事が大事です。これがヒット曲のリズムの最後の条件、恩恵（REWARD）です。

恩恵は魅力と一体感に共通する要素が色々とあります。「このリズムはなじみやすくて、安心して聴けるからもっと聴こう」と思った時点で、リスナーは曲に対して小さな恩恵を感じています。また、「グルーヴが気持ちよくて、気づいたら最後までノリノリで聴いてしまった！」という一体感にも、ある程度の恩恵が含まれているでしょう。しかし、ほんまにええ曲はリズムの中にさらなる恩恵を秘めています。

よくまとまったエンディング

映画を観て、こういうことは今までになかったでしょうか？　さまざまな苦難を抱えた主人公を描いた映画で、「ここから問題を解決していくんだな」と思ったのに、突然終わってしまった……。「え？　まさかここで終わるんちゃうやろ!?」とか、「ストーリーはまだ途中やったのに！　このままではなんも解決してへんやろ！」と思わず突っ込まずにはいられない、という経験をしたことはありませんか？　僕自身もこんな経験を何度かしていますし、そういうエンディングが芸術的だと感じる場合もなくはないのですが、世界規模で大ヒットするハリウッド映画のように、大勢の人に「何度も観たい！」と思わせる映画では、なかなかないでしょう。

「一般的にヒットする」とか、「大勢の人に何度も観たいと思わせる」という映画の多くは、しっかりとまとまったエンディングを描いていると思います。ホラーやサスペンスの人気作品もありますから、必ずしもハッピーエンドとは限りませんので、「よくまとまったエンディング」がヒット映画の条件と言えるでしょう。そうでないと、「何やこの終わり方！　観て損したわ！」とお客さんがイライラしながら家に帰って、その後観ようとしないでしょうし、悪評が広がることで、観ようともしない人が増えることも考えられます。

ええ曲でも、リスナーを本当に満足させるリズムの手段のひとつに、「終わった感」をしっかり出す、というテクニックがあります。ピンク・レディー〈ＵＦＯ〉、ＡＫＢ48〈恋するフォーチュンクッキー〉、星野源〈恋〉の最後の10秒間を聴いてみてください。どの曲もリズミカルなキメを作りながら、「ドン！」とわかりやすく終わった合図を提示しています。

それとは別に、落ち着いたロングトーンで終わる曲もあります。米津玄師〈Lemon〉、CHAGE and ASKA〈SAY YES〉、いきものがかり〈ありがとう〉、Superfly〈愛をこめて花束を〉などの場合は、最後の音を「ダーーーーン」と大きく伸ばすエンディング。これもわかりやすく恩恵をもたらす終わり方です。

　余韻を残す終わり方にフェードアウトという手法もあります。リズムの作曲技術というよりはレコーディング技術によるものですが、サビなどを繰り返しながら音が消えるまで徐々に小さくしていく手法です。小田和正〈ラブ・ストーリーは突然に〉や、サカナクション〈忘れられないの〉のエンディングを聴いてみましょう。音楽が永遠に続きながら遠ざかっていく、音楽とお別れしながら見えなくなるまで見送る、という感覚を覚えます。

　そのほか、映画でもどんでん返しが気持ちいい作品があるように、サプライズエンディングの曲もあります。サディスティック・ミカ・バンド〈タイムマシンにお願い〉は、サビを何度も繰り返している最中に「タイム！」で突然終わりますし、米津玄師〈感電〉のエンディングではホーンセクションのキメの音が唐突なタイミングでやってきます。それにもかかわらず、どちらもしっかりとキメを表現して終わっている印象が強く、「もっと聴きたかった」という気持ちになるリスナーは多いでしょう。

　そっけない終わり方ではなく、「お！　面白く終わった！」という満足感があります。この満足感は恩恵につながるものでもあります。サプライズエンディングのすばらしい効果は、一体感と合わさることで、より効果を発揮します。一体感があるということは、音楽がリスナーの身体と共鳴しているということなので、突然終わると、そのまま身体の中で曲のグルーヴがまだ続いているかのような気持ち良さがあります。

注意すべきは、あくまでも「よくまとまったエンディング」である必要があり、どんな形でもいいので、とにかくリスナーを驚かせれば良いというわけではないということです。〈タイムマシンにお願い〉が「タイムマ」で終わっても恩恵はあまりなく、「タイム！」で終わるからこそ完璧なのです。

意味があるリズムと意味がないリズム

日本語には数え切れないほど多くの単語があります。僕はその1％も把握できていないと思いますが、試しに国語辞典から10個の単語をランダムに並べてみます。「通り、おしゃれ、世紀、脳みそ、速度、城、見出し、裁判、生きる、丁度」……この文字を読んで、恩恵を感じますか？　なにかしら得した気分になりますか？　僕は何回か読んでみて、しんどくなりました。日本語は単語だけでなく、文法も重要です。説得力がある文章を書くためには、文法を駆使して意味が通じる形にしなければいけません。

僕は生まれも育ちもアメリカで、小学校でアルファベットを覚える前に自然と英語の基本文法が身についていました。その後、高校時代に日本語を学び始めたときに日本語の文法に衝撃を受けました。

まず、「キャピタルはお店に行く」というように、基本的に動詞が最後に置かれるということ。そして「to the store」の訳が「お店に」となり、対応する「to」と「に」が反対の位置に来るということ。これは序の口で、その後も次々と混乱させられましたが、何とか意味が通じる日本語を話したり書いたりできるようになりました。

音楽にも、この文法みたいなものが存在しています。大学で音楽理論を勉強することは、音楽にとっての文法を研究して実感することにつながるかもしれませんが、楽器を触ったことがないというリスナーでも、感覚的に音楽的文法を身につけることは可能です。まさに小学校に上がる前の僕が流暢《りゅうちょう》に英語を話していたという事実と同じです。

音楽にとっての文法はクリエイティヴなもので、堅苦しいルールではありません。音楽に携わるアーティストたちは、この文法を発展させ、新しさや面白さを世に伝えてきました。そのようにして作られた音楽を、一般のリスナーは感覚的に「意味があるリズム」と「意味がないリズム」に聴き分けて、意味があるリズムには説得力と満足を感じるようになっています。

最も重要なポイントは「型」です。ここまでのお話でもさまざまなリズムパターンについて説明してきましたが、リズムに何かしらの型を感じられれば、人々はそこに意味を見出すのです。

リズムには「型」がある

具体的にいくつかのリズムをイメージしてみましょう。一つひとつの音が等間隔に刻まれる「タタタタタタタタタタタ」というリズムは規則正しいですが、我々に何かを伝えようとしている雰囲気はないですね。「ターータタタッツターターッタタターータッタタ」というリズムは変化に富んでいますが、型があるようには感じられません。では「ターータタター、ターーターーター」だとどうでしょうか？　どんな方針に基づいているか、はっきりとはわかりませんが、何かしらの意味を持っていそうです。

次に「タターータター、タターータター、ターーターーター、タターータター」はいかがでしょうか。「①タターータター、②タターータター、③ターーターーター、④タターータター」と4つに分けられて、①②④が同じ繰り返しで、③だけが違います。②は①の繰り返しなのでパターンを感じて、このリズムが「基本の状態」として聴こえてきます。そして③が違うので、基本の状態から離れた感覚になります。ところが①②と同じ④でまた基本の状態に戻ります。このリズムには、ちゃんとしたストーリー性があるじゃないですか！

具体的にたとえるなら、ある曲の主人公が、慣れ親しんだ家に暮らすところからストーリーが始まって、そこから離れて冒険して最後に家に戻る、というハッピーエンドが想像できます。

TRF〈BOY MEETS GIRL〉のサビのボーカルリズムを例に取ります。「① Boy Meets Girl ②それぞれの③あふれる思いに④きらめきと」と分解します。①②と④は基本的に同じリズムで③だけが異なるリズムとなっています。1フレーズの、ハッピーエンドを迎えるリズムの物語です！

ほかの型も紹介していきましょう。ヒット曲で多く見られるものでは、①②と同じリズムを繰り返し、③で別のリズムに変化して、④は①とは違うけれど③よりも落ち着きのあるリズム、という型があります。物語になぞらえるなら、最後に元いた家には戻らず、新しい家でハッピーエンドを迎えるイメージです。スピッツ〈ロビンソン〉が良い例です。Aメロを切り取って、「①新しい季節は②なぜかせつない日々で③河原の道を自転車で走る君④を追いかけた」という形に分解してみます。①②は緩やかなリズムの繰り返し、③

で少し忙しない感じの新しいリズムが3回繰り返され、④でリズムが緩やかに落ち着きます。

もうひとつ、質問と回答のように呼応するリズムの型を紹介します。この型ではフレーズを前後2つに分け、前半で「お元気ですか？」と尋ねるような表現性、後半で「元気です」と答えるような表現性が伝わります。

簡単な例として、「ターターター？／タタタッター」があり、この型はもう少し長い尺で使われることが多いです。たとえば8小節のフレーズで、前半最後の4小節目のリズムが質問の表現、後半最後の8小節目が回答の表現、というようなフレーズです。

Superfly〈愛をこめて花束を〉のサビは7小節という面白い長さですが、質問と回答のリズムの型の良い例です。サビの前半の3、4小節目で「理由なんて訊かないでよね」と歌っていますが、比較的音節が多く、リズムが複雑で物語の終わりが見えません。これを回収するのが最後の7小節目です。「照れていないで」と少なめの音節でリズムのアクセントを4分音符のオンビートに置いています。「てーれーてーいなーいで」は質問するリズムの回答として説得力がありますね。

細部をきれいに整える

わかりやすく終わりを感じさせるリズムは、曲全体のエンディングだけに配置されるものではありません。とくにヒット曲では、メロやサビといったパートの終わり、1フレーズの終わり、1小節の終わり、あるいは歌詞の中の1単語という細かいレベルでも、リズミカルに「締まる」満足感を与えてくれます。

昭和のヒット曲にはこの感覚がよくわかるものが多いです。皆川おさむ〈黒ネコのタンゴ〉をもう一度聴いてみましょう。「ラララララッラッラ！」と、サビが毎回満足度の高い終わり方をします。ザ・ピーナッツ〈恋のバカンス〉の1分0秒、「ためいきがでちゃう」の後のリズムも同様です。ピンク・レディー〈カルメン'77〉では「カルメンでっすっ！」や「きまってまっすっ！」と、「です」「ます」という単語の語尾がリズムを引き締めています。

最近のヒット曲ではゴールデンボンバー〈女々しくて〉のイントロ「女々しくて女々しくて女々しくて」が好例です。どんなヒット曲にもこうした要素があるので、ぜひお気に入りの曲を聴いてみてください。サビの終わりやフレーズの語尾のリズムに注目すると、まとまりを感じさせる満足感があって、恩恵を授けてくれることに気づくと思います！

リズムとの再会

曲のエンディングや構成部分の語尾には、「締まった！」「終わった！」と感じるリズムの満足感もありながら、一度提示されたパートやフレーズが再び現れることで元いた場所に「戻った！」という喜びを与えてくれる型もあります。第2章で小沢健二 featuring スチャダラパー〈今夜はブギー・バック〉の歌とラップの対照的な構成の話をしました。8分音符に基づいた歌から16分音符を多用したラップに切り変わることで、生き物らしい変化を感じます。16分音符のラップからしばらくして8分音符を多用する歌に変わる部分には、改めて生き物らしい変化としての新鮮さもありますし、一度慣れ親しんだ8分音符の歌なので、「心地良い場所に無事に戻ってこられた」という恩恵があります。この要素も多くのええ曲で味わうことができる恩恵です。

キメや休符、意外性のある刺激を含んだリズムの後に、曲全体の基本となるグルーヴに戻る構成にも同じ効果があります。Perfume〈ポリリズム〉の衝撃的な間奏のリズムが終わると、2分2秒でドラムがなじみやすい4拍子に戻ります。

反対に、落ち着いたビートから基本のグルーヴに戻ったときの満足感もあります。ピチカート・ファイヴ〈東京は夜の七時〉のサビの前、「早くあなたに逢いたい」という部分ではドラムの音数が減りますが、サビの「トーキョーは夜の七時」のフレーズとともにドラムが元の勢いを取り戻します。まさにリズムの恩恵を感じる瞬間です。

さらにわかりやすい例では、ドラムビートが完全に止まって、しばらくしたらまた始まるというパターンを組み込んだ曲もあります。Vaundy〈踊り子〉は、2分14秒でドラムが完全に止まって、「とぅるるる」と歌うボーカルと、きれいな伴奏のコードだけが残ります。そして2分27秒でドラムがふたたび登場するところで、恩恵を感じられると思います。リズム以外はほかに何も変わっていないので、この瞬間の恩恵はリズムから得られていることがはっきりしていると思います。

第7章　4つの条件の実践解説

前章まで、ヒット曲のリズムに備わる4つの条件として生命力（LIFE）、引力（APPEAL）、一体感（IMMERSION）、恩恵（REWARD）の解説をしてきました。ここからはより実践的に、4つの条件がどのように作用しているかを細かく解説していきます。最初の題材はTHE ALFEE〈星空のディスタンス〉です。

〈星空のディスタンス〉が持つ「生命力」

出だしですぐにリスナーの注意を引く生命力を発揮します。静寂の中、「ダダダン！」という力強いアクセントを持ったドラムが鳴りますが、一つ目の音は1拍目ではなく、4拍目です。そのため、初めて聴くリスナーは小節の位置を把握するまで数秒かかるでしょう。

これはグルーヴを担うメインギターのリフが始まるまで13秒ほど続き、その間ドラムは動いたり止まったりして、音価もめまぐるしく変わります。非常に速いフィルインがあったりもして、これこそ予測不能な音の動きによる生き物らしいサウンドです！　同時に奏でられるシンセのメロディは連続する8分音符で、「低中高、低中高、低中高＝123、123、123」というアクセントパターンをキープし、基本となる4拍子に対して3拍子を表しています。0分10秒からは、「ダダン、ダダン、ダダン、ダダン」というようにギターとシンセが合わさり、「ダ」「ダ」「ン」の3つずつのリズムを強調していて、多拍子の効果を感じます。数秒間のイントロだけでもリズミカルな生命力が爆発しそうですが、その後も絶えず曲を盛り上げてくれます。

0分13秒でギターのメインリフが始まり、オンビートとオフビートが交互に絡み合うシンコペーションのパターンが躍動感をさらに強めます。その後Aメロに移って歌が入ると、またもギターのリズムが変化します。

サビでは「星空の下のディスタンス」から「燃え上がれ！　愛のレジスタンス」に移行するタイミングで、ドラムをはじめとした伴奏がハーフテンポになります。つまり、速いBPMの感覚が突然半分に落ちて、急激な変化の刺激を与えます。しかし、その後すぐ「さえぎる夜を」で元のテンポに戻って、「乗り越えて」でまたハーフテンポに下がって、「この胸にもう一度」でまた元のテンポに戻ります。曲の最後までこうしたリズムのサプライズがいくつもちりばめられていますが、とくにこうしたテンポの変化が目立っています。

2分9秒で2度目の「Baby, Come Back!」が高らかに歌われて間奏に入りますが、そここにも特筆すべきポイントがあります。16分音符に基づいたシンセの速いシンコペーションが4小節続いた後、ギターソロの部分でハーフテンポに下がります。そして「Five Hundred Miles」と歌が戻ってくると、伴奏が動いたり止まったり（これをストップタイムと言います）しながら、ギターとベースとドラムが一緒になって、リスナーにとって予測不能なリズムを決めてきます。本当に生命力にあふれた曲です！　ここで一度本を置いて、リズムの生き物らしさに注目しながらこの曲を聴いてみてください。

もっと聴きたいと思わせる「魅力」

刺激的なリズムがすばらしく多いことを実感していただけたでしょうか？　それにもかかわらず、「めちゃくちゃ不安や！　どうしよ!?」「怖い！　ここからすぐに逃げたい！」とはならないでしょう？　もしそういう気持ちになる曲だったとしたら、おそらく〈星空のディスタンス〉はヒットしなかったと思います。

前項で述べた通り、〈星空のディスタンス〉にはリズムによるいくつものサプライズがありますが、ホラー映画の効果音から受けるような印象は一切なく、うれしくなるようなサプライズばかりです。こうした生命力が、リスナーの注目を集めた上で、「もっと聴きたい」と思わせる確かな魅力があります。また、レコーディング技術や編曲によって気持ちの良いダイナミクスを実現して、聴きやすいサウンドになっています。さまざまなリズムの変化を見せながら、ランダムではなくわかりやすいオンビート感があるのもポイントです。具体的には、イントロの「ダダダン！」の「ダン！」が毎小節の1拍目を示している点や、0分14秒からのシンコペーションを駆使したギターリフを、連続8分音符のベースとハイハットが支えて、安心できる点などが挙げられます。

なじみやすい繰り返しも魅力の大事な要素ですが、〈星空のディスタンス〉ではこれがまたすばらしいです。この曲の生命力のさまざまなサプライズや、意外性の高いリズムは、繰り返しのおかげでなじみやすくもあります。イントロを聴きながら、「ダダダン！」の繰り返しや、0分14秒からのギターリフのリズムの繰り返しに注目してください。曲の構成のスケールでも繰り返しがたくさんあります。「Baby, Come Back!」とサビが終わったらまたイントロに戻り、Aメロに戻り、「Baby, Come Back!」ともう一度歌うまでの内容はほとんど前の繰り返しになっています。生き物の動きのように複雑だったり、バランスを崩したリズムだったりしながら、それが繰り返されると安心して聴くことができます。そしてそれになじんでいくことが一体感につながります。

「一体感」で曲の主人公になる

この曲にはさまざまなリズムが出てきますが、それらすべてが脈々と150BPMの安定したビートという土台の上で鳴っています。ハーフテンポに下がるときも、基本の150BPMからちょうど半分の75BPMの感覚になるので、スムーズに踊り続けることができます。

この曲を耳にした人は、なかば無意識にこの土台のビートにシンクロして、曲のグルーヴに乗り出します。ギターのメインリフやサビのフレーズは符割りが均一な8分音符、つまりストレートで上下の動きを持つグルーヴです。ギターのアクセントは同時に「↓↓↑↑」と置かれていて、クラーベのようにシンコペーションの波の循環を作り出し、前進する感覚をもたらしています。

Aメロのリズムギターに注目して聴いてみると、また違うグルーヴ感に気づくと思います。「タッタカ、タッタカ、タッタカ……」と、ひとつの8分音符に2つの16分音符が続くパターンで、馬の足音を思わせるリズムになっています。これらのリズム表現をリスナーが身体で感じながら、曲の世界を旅する交通手段としてグルーヴに乗り、音楽に吸い込まれていきます。4分13秒間、構成の繰り返しや変化を経て、曲の感情物語を受け身で聴くだけではなく、自分が主人公になったかのように経験することができるのです。

ドラムのフィルインが授ける「恩恵」

主人公になりきった気分で〈星空のディスタンス〉の世界を旅して最後まで乗り続けてきました。また聴きたいと思ったでしょうか？　僕は何度でも聴きたいと思っています！

1980年代のロックの伝説的なヒット曲ですから、おそらく僕以外にも何度も聴きたいと思うリスナーは大勢いるはずです。「最後まで聴いたけど、がっかりしたなあ」と思うことはなくて、「大満足や！」と感じさせてくれる曲です。もちろん素敵な歌声と歌詞、格好良いギターやベース、シンセの演奏や音色、魅力的なメロディとハーモニーがすべて合わさってリスナーを満足させてくれるのですが、リズムの仕組みで恩恵をもたらしている瞬間もたくさんあります。

もう一度イントロを聴いてみましょう。リズムが安定しない13秒間の後、ギターのメインリフに入る時の満足感は本当にすばらしいですね。その瞬間、実験的なリズムが「ドン！」と我々を1拍目に導いてくれて、ドラムやベースの8分音符に基づいたグルーヴに到着した気分になります。また、Aメロの歌が入る直前の部分ではドラムのフィルインが非常に目立ちます。最初から最後までドラムに注目して聴いてみると、Aメロの1周目、2周目、サビ、間奏など、ほとんどの境目でフィルインが強調されていて、毎回新しい構成部分に「たどり着いた！」という達成感を与えてくれるのです。

ほかの楽器や歌も、メロやサビといったパートを気持ち良くまとめています。「Baby, Come Back!」はいかにもサビの終わりという印象を与えますね。156ページからの生命力の解説でお話しした、イントロ終盤の「ダダン、ダダン、ダダン、ダダン」という繰り返しも、「お！　この後なにか来るぞ！」とリスナーの期待を膨らませます。その期待通りに新たな構成部分にたどり着くので、「やっぱり来た！」という満足感をリスナーにもたらします。このフレーズは0分23秒、1分28秒、3分18秒といった部分でも同じように表現され、リスナーに恩恵をもたらしてくれます。

最後に曲全体のエンディングですが、ギターのメインリフを50秒間繰り返しながら、速弾きを駆使したエキサイティングなギターソロがフェードアウトしていきます。クラシックの交響曲で多くみられる、「ジャンジャンッ！」というわかりやすいエンディングとはまた違った味わいがあります。格好良い伴奏とソロが徐々に遠ざかっていきながら永遠に終わらない、ハッピーエンドです。やはり、「また聴きたい！」と思わせる名曲です。

〈One Last Kiss〉のバンドに見る4つの条件

〈星空のディスタンス〉の解説では、4つの条件それぞれの角度から分析をしましたが、次は宇多田ヒカル〈One Last Kiss〉を題材に、楽器ごとに4つの条件を確認していきます。

冒頭からシンセのアクセントパターンが「3＋3＋3＋3＋2＋2」の16分音符となり、4拍子と3拍子を掛け合わせた異拍子による生き物らしいグルーヴ感を出しています。第3章の103ページでこれに似た「3＋3＋3＋3＋4」のグルーヴをカウントと足踏みをしながら実感しましたが、この「3＋3＋3＋3＋2＋2」のバリエーションも試してみましょう。こだわりを感じるアクセントパターンで、生き物らしさにあふれたリズムですが、恐ろしい生き物ではなく、安心して近づきたくなる魅力的な生き物のイメージがあります。その安心感はどこからくるのかというと、16分音符が規則正しく均一に刻まれている上、小節ごとに繰り返されるので、一度慣れたら驚かされることのないパターンだからなのです。そして、わかりやすい4拍子なので、リスナーに「もっと聴きたい」と思わせてくれる魅力を持っていることにも理由があります。

その要素として、バックで鳴っているもうひとつのシンセは全音符の優しいロングコードを1拍目からわかりやすく出しています。112BPMの規則正しいテンポと繰り返される小節のサイズ、ゆったりとしたグルーヴに乗りながら、リスナーは一体感を覚えることでしょう。

「3＋3＋3…」という16分音符が奇数で、交互に下向き、上向き、下向き、上向きというシンコペーションの波も感じます。重なるシンセの数も曲の感情表現とともに増えたり減ったりしていって、イントロでは数台の伴奏に聴こえますが、Aメロでは数が減っています。それとは対照的に最初に「Oh oh oh oh oh…」と歌う部分ではイントロの数台よりシンセの層が増えているように聴こえます。とくに3分10秒からの「Oh oh oh oh oh…」の部分では、たくさんのシンセがそれぞれに別のリズムと音色を同時に奏でています。こうした層の変化が生命力を前面に押し出した刺激となり、この刺激の多さによって曲の世界が細かく描かれ、一体感をもたらす立体的な環境になっています。

1台のシンセから発される単一のリズムを遠くから冷静に聴いているのではなく、曲の世界に入り込んだリスナーが複数のシンセのリズムに包まれるのです。この続きを読む前に〈One Last Kiss〉をシンセのリズムに注目して聴く事をお勧めします。

あのピアノにまた会いたい

〈One Last Kiss〉で演奏されるピアノはシンセかデジタルピアノだと思われます。しかしほかのシンセとは明らかに違った音色が際立っていますので、ピアノとして独立した項目を設けました。

曲の始まりではピアノが登場せず、数小節後に突然入ってきて数秒するとまた姿を消してしまう……。「また入ってくるかな？　入るとしたらいつかな？　次も数秒だけ弾くのかな？」と謎を呼び、生き物らしさのあるサプライズを表しています。

また、山びこのような効果をもたらすディレイというエフェクターが作用しているため、リズムのアクセントパターンがシンセのリズムと相性が良く、気持ち良く重なります。不安さを感じるリズムではなく、聴き続けていたいと思わせる魅力があります。最後まで曲を聴くとピアノが入るタイミングの謎が解けて、このピアノはつねに「I love you more than you'll ever know」というフレーズの後に登場することがわかります。意識的に覚えていなくても、繰り返される度にリスナーにとってなじみのあるフレーズとなるはずです。改めて曲を最初から聴いたときにはイントロで一瞬だけ聴こえるピアノが懐かしさをたたえ、再会の魅力を感じさせます。親しみが増すごとに頭に残るキャッチーなピアノのリズムによって、リスナーは曲と一体感を深めます。

繰り返しの発展の仕方にも高い満足度があると思います。イントロのピアノは格好良いのですが、数秒で終わってしまうので寂しく感じる人もいるかもしれません。でも1分18秒あたりの「I love you more than you'll ever know」の後ではピアノのフレーズが4回連続で鳴ります。寂しく感じた人にはうれしいところですね！　2分8秒あたりの「I love you more than you'll ever know」ではまたピアノが1回だけとなりますが、その次の2分17秒あたりでは7回ほど聴けます。このようにピアノの存在を少しだけ出してまた隠して、もう少し長く出してまた隠して……「期待させて、裏切って、最終的に満足させる」という編曲による恩恵が本当にすばらしいと思います。

曲の世界へと誘うドラム

曲が始まって44秒もの間ドラムの演奏はなく、「もういっぱいあるけど」という歌詞の部分でやっと登場します。キックドラムとスネアドラムだけのシンプルな編成で、控えめな音量とまろやかな音色によって、目立ちはしませんが、シンコペーションを豊富に取り入れた面白いパターンで、これもまた生命力を持っています。

8小節おきに同じビートを繰り返すことでなじみやすく、グルーヴも気持ちよく乗れる均一な16分音符に基づいたシンコペーションの波を出しています。アクセントのパターンは「3＋3＋2＋4＋4」と「3＋3＋2＋3＋3＋2」が交互にきて、シンセのパターンに似た親しみやすさがありながら、一味違った発展性も表しています。「忘れたくないこと」の後の「Oh oh oh oh oh…」でドラムビートの層が増え、高音のハイハットやピッチを持つタムのような音が加わります。加わった音のそれぞれが新しいリズムを出して、徐々にドラムビートが別の姿へと発展していき、ますます生命力が増していきます。しかしランダムではなく、繰り返しや安定した16分音符の土台があるために聴きやすい魅力を持っています。

シンコペーションの波に乗りながら、曲の世界を旅しながら、さまざまなリズムで重なるドラムの刺激の豊富さが、その世界をさらに充実したものにして、リスナーに一体感をもたらします。立体的に細かく描かれた、リスナーを飲み込むだけの容量のある環境がここにあります。また、8小節の境目や、曲の構成部分が切り替わるところでドラムのリズムがわかりやすく変わります。これによってフレーズの塊が見える形となっていて、「前の部分が終わった」という達成感や、「次の部分が始まった」という前向きな満足感を何度も与えてくれる恩恵があるのです。

ベースが紡ぐ音楽物語

ベースもシンセによるものですが、ピアノと同様に個別に解説しましょう。曲の冒頭からシンセに混じって聴こえますが、柔らかく控え目な音色であるため、一応ベースとしての役割を果たしていますが、本格的にベースらしさが目立つのは1分28秒からで、2回目のAメロの「『写真は苦手なんだ』」という歌詞とともに入ります。

ドラムの編成が増えるときと同じように、新しいメンバーが登場するような雰囲気があって、ベースライン自体がとてもアクティヴでバラエティ豊かなリズムを奏でています。速いリズムだったり、ゆっくりとしたリズムだったり、動いたり止まったり、音価にさまざまな長短があったり、とても生き物らしいベースのリズムです。

それでもほかの楽器と同様に安定した16分音符に基づいており、安心して聴くことのできるリズムになっています。また、毎小節1拍目に（ほとんどの場合4分音符で）アクセントを置いて強調することによる、わかりやすさがあります。ドラムとキーボードのグルーヴに合わさって、乗りやすさと曲の世界のリズミカルな刺激の多さで充実した環境を作り上げ、一体感を増しています。また、毎小節1拍目をわかりやすく強調して、小節の後半で面白く遊んで、また次の小節の1拍目をわかりやすく強調する、という循環をしています。小節ごとのリズムの文法によって、意味のありそうな「型」がはっきりしていて、小節単位で始まりと終わりを感じさせる達成感を与えてくれます。

4つの条件を兼ね備えた歌

「初めてのルーブルは」という歌詞で歌が曲の主人公として登場します。このフレーズの前半、「初めての」が連続16分音符で、ちょっとした早口言葉のように感じます。これが活発なリズムでオンビートを強調している一方で、後半の「ルーブルは」はオフビートのシンコペーションを強調しています。それだけではなく、小節の3拍の途中でいったん止まったり、歌の出だしからすでに生命力たっぷりのリズミカルなサプライズがあったりもします。続けて聴きたくなるリズミカルな安定感と、前に引っ張ってくれる一体感をもたらすシンコペーションの波が表現されています。

次の「なんてことはなかったわ」も似たリズムですが、4拍目ぴったりで終わるため、小節の終わりをしっかりと伝える役目も果たしています。これを文字で表すと、「タカタカ、タカタカ、タカ／タカタカ、タカタカ、タカッター」のようなリズムとなり、第6章で説明した質問と回答の型を持ったフレーズとして、恩恵をもたらしています。Aメロではこのフレーズが4回繰り返されて、リスナーの記憶と期待感が曲とシンクロして、頭の中に残す効果があります。「もういっぱいあるけど」からは音価が長くなって、なめらかで落ち着いたリズムによって、ロマンティックなムードに変わります。その雰囲気と「Can you give me one last kiss?（最後のキスをしてくれる？）」という歌詞のメッセージがフィットして、たちまちリスナーは曲の世界へと導かれていきます。

その後の「Oh oh oh oh oh…」という歌のリズムは、イントロのシンセと同じ、「3＋3＋3＋3＋2＋2」の構成です。生命力がありつつ、イントロで一度提示されているため、親しみやすい魅力を持っていて、そのキャッチーな繰り返しとシンコペーションの波のおかげで、リスナーはより深い一体感を得られます。「Oh oh oh oh oh…」の区切りを毎回「I love you more than you'll ever know」が締めくくり、オンビートを強調した連続8分音符ならではの、どっしりとしたエンディングが「聴いていて気持ちよかった」という恩恵をリスナーに授けてくれます。

こうして楽器パートごとにリズムの分析をしても、ええ曲ではそれぞれ色々な意味で4つの条件を満たしていることがわかります。

〈プレイバックPart2〉の総合力

〈星空のディスタンス〉は4つの条件別に解説をし、〈One Last Kiss〉は楽器パート別で解説をしてきましたが、山口百恵の〈プレイバックPart2〉は曲の冒頭から順番に、どの条件が登場するのかを見ていきましょう。この曲に対する僕の思い入れはとくに強く、「これぞリズム表現の頂点だ！」と言えるくらい、すばらしい名曲だと思っています。

基本的なリズムは4拍子で、生き生きとした128BPMのテンポです。最初の音は1拍目ではなく4拍目から始まっており、〈星空のディスタンス〉と共通した生命力を表現することから始まります。左右のスピーカーからそれぞれ出力されるギターの音が会話するように交互にリズムを刻み、リスナーは冒頭からその刺激的な環境に包まれて、一体感を覚えます。屋台骨を支えるのはシンセで、連続する16分音符を刻みながら、わかりやすい魅力を発揮しています。

0分8秒からオーケストラがなめらかさのある速いリズムで参加し、新たな展開と刺激をもたらします。その後バンド全体がユニゾンして、「ダンダーンダン、ダンダーンダン、ダンダーンダン……」というリズムを8回連続で決めます。このリズムはクラーベの3・2パターンの「3」の部分を繰り返す形で、ブラジルのバイヨン、フラメンコのルンバ、アルゼンチンのタンゴでよく使われる、「３＋３＋２」の16分音符のアフロラテン音楽の基本パターンでもあり、シンコペーションの波もうねるような力強さを持っています。

　歌い出しの「緑の中を走り抜けてく真紅《まっか》なポルシェ」という歌詞で、ここまでのエキサイティングなリズムが具体的にどんな世界を描いているのかがわかり、表現が非常にすばらしくその世界とフィットして、一気にリスナーに一体感と恩恵を与えてくれます。しかも歌のリズムは、普段の会話とだいぶ違う感触のリズムです。音節が速くなったり遅くなったり、動いたり止まったり……意外性のある動きです。「緑の中を」までのリズムが「↓↓、↑／↓↓↓、↑」というシンコペーションの波を作って、続く連続８分音符の「走り抜けてく」が直線的な動きに落ち着きます。そして「真紅なポルシェ」で８分音符から倍の速度の16分音符に上がり、締めくくられる。マニュアル車で加速とギアチェンジを交互に行うような雰囲気がありますね。その後、この歌のフレーズに応答するようなギターのリズムが音の環境の刺激を増やしながら、質問と回答の「型」による説得力で満足させてくれます。

「ひとり旅なの……」でも同様に歌とギターの掛け合いが繰り返されて、このキャッチーなフレーズがリスナーの記憶と期待感にシンクロします。「交差点では」から16分音符を多用した、早口言葉のようなリズムで緊張が高まり、今度はオーケストラが同じ16分音符で応答します。

そしてサビの直前、「私もついつい大声になる」で伴奏が「ダダダン！」と鳴り、「怒ったわよ！」という気持ちを感じさせるキメを作って、完全にリズムがストップします。すべての音が突然止むと、実にハッとしますね！　その静寂を破るのはボーカルの「馬鹿にしないでよ」。ここからサビに入り、連続16分音符を刻むシンセとハイハットが安定感に満ちたグルーヴでリスナーを気持ちよく乗らせます。サビの間のギターは一段落ち着いた8分音符に基づいたリズムで答えています。

「そっちのせいよ」の後では歌と会話していたギターの応答が途切れます。そして、「ちょっと待って！」とハッとするような歌のフレーズが提示され、その歌詞通りに伴奏も止まったり動いたりして、予測不能なリズムを展開します。「Play Back Play Back」のリズムは3拍子的で、曲の4拍子に対して多拍子的な瞬間を作って、「今の言葉 Play Back Play Back」で歌のサビが終わります。最後のふたつの「Play Back」の前に意外性のある休符を入れてタメを作っています。サビの締めくくりはバンド全体で「ドン、ドン、ドン、ドン！」とわかりやすくまとめられ、「サビが終わった！」という恩恵をたっぷり味わわせてくれます。

音楽の世界から抜け出せない！

ここまででも抜きん出た構成力を見せる〈プレイバックPart2〉ですが、問題はこの後です。なんと6拍もの間、完全に沈黙します。これはかなり珍しい、勇気ある編曲です！1小節の4拍ではなくあえて6拍、つまりこの静寂の部分は「4拍子（1小節）＋2拍子」の一時的な変拍子になっています。ギターがその沈黙を破ると、「馬鹿にしないでよ」という歌とともにサビに戻り、その後20秒ほどは一転してディスコティストの16分音符のグルーヴが続き、安定感を補います。

「私だって、私だって、」でまたバンドが止まって、「疲れるわ」の後にピアノが生命力を持った「3＋3＋3」の多拍子的なアクセントを出して、2回目のAメロが始まるまでちょっとした間奏に入ります。ギターとオーケストラが恩恵をもたらす質問と回答の掛け合いをして、イントロにも登場したアフロラテン音楽のシンコペーションの波、3＋3＋2の「タンターンタン……」がふたたび繰り返されますが、この部分では8回ではなく4回のみとなっています。非常に生命力に富んだ内容ですが、「怖い！　音楽を止めて！」と思わされるような、毒蛇や野生のライオンをイメージさせる攻撃的な表現とは違います。イントロでなじんだリズムと楽しく再会するのですが、イントロの部分とは繰り返しの回数が変わっていることにより、親しみの中に新たな新鮮さが含まれています。すばらしい編曲です！

これだけ劇的な要素があったにもかかわらず、これはたった1分50秒のお話です。ここまでリズムに4つの条件すべてを感じられる曲がほかにあったでしょうか。曲の後半のリズムは、ほとんどが前半で演奏された内容なので、後半では親しみがあります。リスナーは前半よりも安心してこの曲のグルーヴに乗れるのですが、細部で期待を裏切る展開が非常に巧みです。

2分27秒の「Play Back Play Back」の後に今度は休符なしでギターがすぐに入り、サビの繰り返しに素早くつなげます。前回と違うので新鮮さがありますが、あまりにもスムーズなのでリスナーにとっては自然に聴こえて、その新鮮さは無意識に受け取られるだけでしょう。しかしその次の「Play Back Play Back」の後、3分12秒でまた伴奏が「ドン、ドン、ドン、ドン！」と鳴って、ピタッと止まる。「今度こそ終わったかな？」と思いきや、1小節ほどの休符の後にまた動き出し、「あなたのもとへ Play Back」で本当のエンディングを迎えます。この最後の「Play Back」は1回しか歌われず、それまで2回のセットとして聴かされてきたリスナーにはとても効果的なサプライズとなります。どんなに待っても流れてくることのない2回目の「Play Back」。それを期待するリスナーは、曲が終わったあとも曲の世界に入り込んだままの状態が続きます。この一体感と恩恵を生み出すリズムの魔法は、本当にすばらしいものだと思います。「Play Back」とは英語で「再生」のことですが、タイトル通り何度も何度も再生したくなる名曲です。100年後も、多くのリスナーに愛されているのではないでしょうか。

独唱のリズムにも4つの条件

本章では4つの条件を分析方法として使い、楽曲単位で総合的に見てきました。最後に解説するのは森山直太朗の〈さくら（独唱）〉です。

「あれ？　この曲は独唱やろ？　ドラムもベースもなしで、グルーヴなんてそもそもなくない？　確かに素敵な曲やけど、この曲の良さは、きっと美しいメロディとハーモニーやと思う。リズムの話、できんの？」

そんな声が聞こえてきそうですが、リズムの解説はもちろんできます！　リズム隊の伴奏がなくても、すべての曲はリズムでできているのです。もし1人の歌手がアカペラで「あー」と1回だけ発声する曲があったとして、それですらリズムでできていると言えます。まず曲が始まるまでの時間があり、ある時点から始まって、その後のどこかの時点で曲が終わり、終わったあとも時間が流れ続ける。これはすべてリズムの世界で起きていることです。

ひとつの音でも音波のリズムでできているくらいですから、2つの音からできているメロディはさらにわかりやすく、リズミカルになるでしょう。そして〈さくら（独唱）〉はその何倍もリズミカルです。ドラムやベースがなくても、リズムの表現が4つの条件のすべてを満たしている楽曲なのです。

冒頭の「僕らは」から生命力たっぷりのリズムです。日常的な会話ではまず使わないリズムで、「ぼーーーくーらはーーーー」と歌い上げます。この「ぼ」が4分音符になります。「く」がその半分の長さで8分音符、「ら」はさらに半分の長さで16分音符です。「は」は4分音符＋16分音符という長さで、「ぼ」よりも少しだけ長く歌われます。4つの音で、すでにリズムの旅が始まっていて、これだけでも予測不能な展開があります。

もちろんランダムなわけではなく、「僕らは」の「ぼ」や、「きっと」の「と」、「君と」

の「と」、「日々を」の「を」など、基本は4拍子で各小節の1拍目のオンビートを強調しています。また、1文節ごとに最後の音節がオフビートになっていて、なんと1小節ずつシンコペーションの波を作っているのです。「↓ぼくら↑は」の「↓ぼ」がオンで「↑は」がオフ、「待って↑る」の「↑る」もオフ、「会え↑る」の「↑る」もオフです。独唱ながらリスナーが乗れるリズムがあって、前進する気持ちで曲と一体化できるグルーヴを発しています。

Aメロを続けて聴いてみてください。「どんなに」からピアノが連続8分音符を刻んでいるので安定感も生まれ、さらに乗りやすく感じます。歌はそれまでと同じリズムパターンが繰り返されるので、そのたびにリスナーのこの歌に対する記憶と期待感がシンクロする一体感もあります。

Aメロの構成を大きく捉えると、「僕らは」から「手を振り叫ぶよ」までが前半にあたる8小節のフレーズで、「どんなに」から「頑張れる気がしたよ」までが後半の8小節のフレーズです。リズムの形が摑みやすく、聴きやすいフレーズの長さであり、前半と後半でほぼ同じリズムが繰り返されているのでなじみやすい——安心して入り込むことのできる表現物語の環境を生み出しています。その一方で、前半と後半の語尾のリズムが質問と回答の型の、面白いバリエーションを見せています。前半、「手を振り叫ぶ↓よーーー」の語尾の「よ」のメロディとハーモニーは質問をしているように感じる表現でありながら、実は「↓よ」のリズムが小節の1拍目のオンビートになっていて、「前半が終わった」という達成感を同時にもたらしています。

それとは対照的に、後半の「頑張れる気がし↑た↑よーーー」では、語尾の「〜たよ」のメロディもハーモニーも、回答にあたる表現です。しかし、「↑た」も「↑よ」も連続で現れる上向きの16分音符のシンコペーションで、リスナーを前に引っ張る効果を持っています。

メロディとハーモニーではAメロの前半と後半が「質問↓回答」という順番の表現になっていますが、リズムの表現ではこれが逆になって、「回答↓質問」という順番になっているのです！　リスナーはAメロのメロディとハーモニーから「終わった」という恩恵をもらいながら、リズムからは反対に「ここから新たな出発だよ」と、Bメロに導かれる恩恵を同時に受取ります。こうしてメロディ、ハーモニーとリズムのそれぞれが持つ4つの条件が合わさって、非常に奥深い表現効果を生み出しています。この作曲技術は実にすばらしいと思います。

Bメロ「霞みゆく……」からのリズムは動いたり止まったりして、生命力たっぷりで気になります。その後サビのリズムがまた安定します。「さくら、さくら、今、咲き誇る…」これは最も聴きやすい8分音符の連続に基づいたリズムで、しっくりと来ますね。サビまでの感想はいかがでしょう？　意外性となじみやすさ、変化と繰り返しのバランスが本当にすばらしいと思いませんか？　ここでまた1回、この本を読むのを数分休憩して、〈さくら（独唱）〉を最初から最後まで聴きながらリズムの表現に注目してみてください。ここまで読んでいただいて、リズムのさまざまな表現性とテクニックを探って、考えて、手拍子や足踏みやカウントで体でも実感してもらいました。今、あなたはたくさんの曲の特徴的なリズムに以前より敏感になったかもしれません。独唱だからこそ、リズムの表現力にどれだけ敏感になったかを確かめるために、森山直太朗の〈さくら（独唱）〉を聴くのが一番良いと思います！

おわりに

本書とともに出発した音楽の旅も終点を迎えます。いかがでしたでしょうか？　生命力（LIFE）、魅力（APPEAL）、一体感（IMMERSION）、恩恵（REWARD）の４つの条件によって、ええ曲、ヒット曲の新たな特長を発見することはできたでしょうか？

ギターに熱中し、音楽大学で数々のすばらしい先生に学び、たくさんの生徒たちに教えて、数十年ものあいだ音楽とさまざまな付き合い方をしてきた現在の僕がたどりついた音楽の分析法が４つの条件でした。もしかしたら、これからも音楽の旅を続けるなかで新たな視点を見つけることができるかもしれません。それはここまで読んでいただいたあなたにとっても同じことです。この本をきっかけに、あなただけの分析方法が見つかるかもしれませんし、僕が気づかなかったヒット曲のリズムの秘密と出会う可能性もあるでしょう。

読者の皆さんには、すっかり慣れ親しんでいて、わざわざ再生しなくても口ずさめたりするお気に入りの曲がいくつもあると思います。ここで改めてその曲を聴いてみてください。ご自身が気持ち良いと感じる部分、心を動かされる部分に注目しながら、4つの条件とともに、ぜひ表現力の仕組みを探ってみてください。友達や家族のように付き合ってきたその曲が、今までに聴いたことのない一面を見せ、新たな喜びをもたらしてくれると思います。もちろん、次々にリリースされる新曲に対しても同じ楽しみを見出せるはずです。

そして、身近な人と曲の感想を話し合ってみるのも良いでしょう。自分にはない視点や発想を取り入れるチャンスです。僕自身もこれまで多くの先生や生徒、友達と一緒に音楽を聴いたりセッションをしたり、他者と多くのコミュニケーションを取ることで、1人では気づけなかった音楽の魅力を発見したことがあります。

「この曲はなんでこんなリズムなんやろ?」と思ったとき、すぐに話せる相手がいなくても大丈夫です。先生や友達は、本や、ユーチューブをはじめとしたインターネットの世界にもいて、いたるところに気づきを深めるためのヒントが転がっています。きっかけは思いつきでも良いのです。積極的にあなたの考えを発展させていってほしいと思います。

また、本書はリズムにフォーカスしてお話ししてきました。音楽はリズム、メロディ、ハーモニーの3要素から成るとされていますが、メロディとハーモニーについても4つの条件を当てはめることができます。メロディを耳にして注意を引かれたら、それがメロディの生命力ですし、そのメロディを支える伴奏を聴いて「美しい!」と思ったコードにはハーモニーの魅力があり、「せつない」と感じたコードはハーモニーによる一体感を持ち、コード進行の終止などからハーモニーが恩恵を授けてくれます。ほかにもどんなところに4つの条件を感じるか、身体のアンテナを全開にして感じてください。

そして、本書を読んで自分でも曲を作ってみたいと思ったあなた。あるいは、すでに作曲活動をしていて、改めて曲を作ろうと思ったあなた。すばらしい！　その思いが冷めないうちに、すぐ行動に移してほしいのですが、ひとつだけ注意があります。

4つの条件は、誰でもヒット曲を作れることを目指したレシピではありません。何もないところから条件だけを気にして曲に詰め込もうとしても、そうそうバランスが取れるものではありませんし、可能性を狭めてしまうおそれがあります。それは、あなたらしい音楽づくりに対して、遠回りになってしまうことでしょう。

まずはリズムでもメロディでもハーモニーでもよいので、ひとつの小さなアイデアを決めてみてください。1小節だけでも、音が2つだけでも大丈夫です。小さなアイデアを作ってはすぐに捨てて、別のアイデアを作ってまた捨てて、「どれも納得がいかない」という人は自分に厳しすぎます。より自由な心構えで、いっそいちばん初めに思いついたアイデアに集中して取り組んでみることです。

かつてジャズを学んでいたときに、ブルース・フォアマンというジャズギタリストの先生に面白いたとえ話を聞いたことがあります。彼はカリフォルニアのカウボーイでもあり、音楽講義でもたびたびカウボーイの生活や、牧場でのできごとを例に出して説明してくれました。牧場に100頭の牛がいたとして、特定の1頭だけを外に出そうと狭い囲いの出口を開くと、ほかの牛もわれ先にと外に出たがって全体が渋滞して混乱してしまい、何時間もかかってしまうそうです。先生は「囲いの出入り口を開けて、いちばん初めに出てきた牛を連れて行けばいい」と言いました。それと同じで、最初に出てきたアイデアから取り組んでみることをお勧めします。

作曲では、いきなりドラマチックな構成を思いつくということはなかなかないのです。基礎となる簡単な骨格があって、それをどう発展させていくかというところが肝心です。ベートーヴェンの交響曲第5番〈運命〉には大変有名なフレーズがあります。世界中の人が「ダダダダーン!」と口ずさむことができ、それを聴けば「ああ、〈運命〉ね」とわかるでしょう。ベートーヴェンが歴史に残る作曲家になれた理由のひとつには、簡単なアイデアを発展させる能力に長けていた、ということがあります。宮城道雄にも、マイルス・デイヴィスにも、テイラー・スウィフトにも同じことが言えます。

ご自身で作曲をするとき、まずは小さなアイデアから始めて、少しずつ展開させてみて、ほかの小さなアイデアと組み合わせてみたり、ぶつけてみたりしていくうちに、だんだんと「1曲」と呼べるほどの内容に近づいていきます。ここまでできたら、それはとても大きな第一歩です。その曲をラフのまま置いておき、続きは別の日にしましょう。

ここからが最も重要かつ細かい、それでいて楽しい作業になります。曲のラフを聴いてみて、4つの条件を満たしているかどうかを客観的に感じてみてください。ちなみに僕も含めて、ほとんどのソングライターの場合、この時点で4つの条件を満たしているということはありません！　この編集や編曲の段階で生命力、魅力、一体感と恩恵を意識して作業を進めると、とても効果的だと思います。ぜひ一度やってみてください！

「はじめに」でも触れましたが、僕の授業方針は「人々が音楽のすばらしさを『実感』する機会をできるだけ多く作りたい」という気持ちに基づいています。本書を読み終えた後、音楽に合わせて体を動かしたり、楽器を始めたりするのも良いし、また、音楽を聴いて感動することが増えたり、深まったりするとうれしいです。これからもどんどん、いろいろな時代や地域の音楽に触れて、感動の幅を広げてもらえたらと思っています。

ほなまた、どこかでお会いしましょう。引き続き良い音楽の旅を！

ドクター・キャピタル

RCサクセション〈スローバラード〉　作詞・作曲：忌野清志郎&みかん

SEKAI NO OWARI〈RPG〉

作詞：Fukase、Saori　作曲：Fukase

編曲：SEKAI NO OWARI、CHRYSANTHEMUM BRIDGE

SMAP〈Top Of The World〉　作詞：いしわたり淳治 作曲：MIYAVI 編曲：CMJK

Suchmos〈STAY TUNE〉　作詞：YONCE、HSU　作曲：Suchmos

Superfly〈愛をこめて花束を〉

作詞：越智志帆・多保孝一・いしわたり淳治、作曲：多保孝一、編曲：蔦谷好位置

THE BLUE HEARTS〈リンダ リンダ〉　作詞・作曲：甲本ヒロト

THE BOOM〈島唄〉　作詞・作曲：宮沢和史

TRF〈BOY MEETS GIRL〉　作詞・作曲・編曲：TETSUYA KOMURO

Vaundy〈踊り子〉　作詞・作曲：Vaundy

や

山口百恵〈プレイバック Part2〉

作詞：阿木燿子　全作曲：宇崎竜童　全編曲：萩田光雄

山本リンダ〈どうにもとまらない〉　作詞：阿久悠　作曲・編曲：都倉俊一

ゆず〈夏色〉　作詞・作曲：北川悠仁

米津玄師〈感電〉　作詞・作曲：米津玄師

米津玄師〈Lemon〉　作詞・作曲：米津玄師

ABC

aiko〈ボーイフレンド〉　作詞・作曲：AIKO　編曲：島田昌典

AKB48〈恋するフォーチュンクッキー〉

作詞：秋元康　作曲：伊藤心太郎　編曲：武藤星児

THE ALFEE〈星空のディスタンス〉

作詞：高見沢俊彦・高橋研　作曲：高見沢俊彦　編曲：ALFEE

BABYMETAL〈KARATE〉　作詞・作曲：Yuyoyuppe　編曲：YUPPEMETAL

back number〈クリスマスソング〉

作詞・作曲：清水依与吏、編曲：back number&小林武史

CHAGE and ASKA〈SAY YES〉　作詞・作曲：飛鳥涼　編曲：十川知司

CHAGE and ASKA〈YAH YAH YAH〉　作詞・作曲：飛鳥涼　編曲：飛鳥涼、十川知司

DA PUMP〈U.S.A.〉

作詞：Donatella Cirelli,・Severo Lombardoni　日本語詞：shungo.

作曲：Claudio Accatino・Donatella Cirelli・Anna Maria Gioco　編曲：KAZ

GReeeeN〈キセキ〉　作詞・作曲：GReeeeN

King Gnu〈白日〉　作詞・作曲：常田大希

LINDBERG〈今すぐKiss Me〉　作詞：朝野深雪　作曲：平川達也　編曲：井上龍仁

LiSA〈紅蓮華〉　作詞：LiSA　作曲：草野華余子　編曲：江口亮

MISIA〈アイノカタチ feat.HIDE(GReeeeN)〉　作詞・作曲：GReeeeN　編曲：亀田誠治

Mr. Children〈名もなき詩〉　作詞・作曲：桜井和寿　編曲：小林武史&Mr. Children

Official髭男dism〈宿命〉　作詞・作曲：藤原聡　編曲：蔦谷好位置

Official髭男dism〈１１５万キロのフィルム〉

作詞・作曲：藤原聡　編曲：Official髭男dism

Perfume〈ポリリズム〉　作詞・作曲：中田ヤスタカ

RCサクセション〈雨あがりの夜空に〉

作詞・作曲：忌野清志郎・仲井戸麗市　編曲：RCサクセション・椎名和夫

ザ・ドリフターズ〈ドリフのズンドコ節〉　作詞・作曲：不詳
篠原涼子 with t.komuro〈恋しさと せつなさと 心強さと〉　作詞・作曲：小室哲哉
スキマスイッチ〈全力少年〉　作詞・作曲：スキマスイッチ
スピッツ〈ロビンソン〉　作詞・作曲：草野正宗

た

チェッカーズ〈涙のリクエスト〉　作曲：売野雅勇　作曲・編曲：芹澤廣明
チャットモンチー〈シャングリラ〉　作詞：高橋久美子　作曲：橋本絵莉子
寺尾聰〈ルビーの指環〉　作詞：松本隆　作曲：寺尾聰
電気グルーヴ〈Shangri-La〉　作詞：電気グルーヴ／作曲：Silvetti、電気グルーヴ

な

西田佐知子〈コーヒー・ルンバ〉　作詞・作曲：Jose Manzo Perroni　日本語詞：中沢清二
西野カナ〈トリセツ〉
　作詞：Kana Nishino　作曲：DJ Mass (VIVID Neon*)、Shoko Mochiyama、etsuco
　編曲：Naoki Itai (MUSIC FOR MUSIC)

は

浜崎あゆみ〈Boys & Girls〉　作詞：ayumi hamasaki
ピチカート・ファイヴ〈東京は夜の七時〉　作詞・作曲：小西康陽　編曲：福富幸宏
平井堅〈瞳をとじて〉　作詞・作曲：平井堅　編曲：亀田誠治
ピンク・レディー〈カルメン'７７〉　作詞：阿久悠　作曲・編曲：都倉俊一
ピンク・レディー〈ＵＦＯ〉　作詞：阿久悠　作曲・編曲：都倉俊一
福山雅治〈桜坂〉　作詞・作曲：福山雅治　編曲：富田素弘
藤井風〈何なんw〉　作詞・作曲：藤井風
フリッパーズ・ギター〈恋とマシンガン〉　作詞・作曲：Double K.O.Corp.（小沢健二）
星野源〈恋〉　作詞・作曲：星野源

ま

美空ひばり〈お祭りマンボ〉　作詞・作曲・編曲：原六朗
皆川おさむ〈黒ネコのタンゴ〉
　作詞：Mario Pagano、Armando Soricillo、Francesco Saverio Maresca
　作曲：Mario Pagano　日本語詞：見尾田みずほ　日本語版編曲：小森昭宏
森山直太朗〈さくら（独唱）〉
　作詞：森山直太朗、御徒町凧　作曲：森山直太朗　編曲：中村タイチ

『ヒット曲のリズムの秘密』登場曲一覧
（アーティスト名　50音順→アルファベット順）

あ

安室奈美恵〈CAN YOU CELEBRATE?〉　作詞・作曲：小室哲哉

荒井由実〈卒業写真〉　作詞・作曲：荒井由実

荒井由実〈ルージュの伝言〉　作詞・作曲：荒井由実

アンジェラ・アキ〈手紙〜拝啓 十五の君へ〜〉　作詞・作曲：アンジェラ・アキ

いきものがかり〈ありがとう〉　作詞・作曲：水野良樹

宇多田ヒカル〈Automatic〉　作詞・作曲：宇多田ヒカル

宇多田ヒカル〈One Last Kiss〉　作詞・作曲：宇多田ヒカル

大滝詠一〈君は天然色〉　作詞：松本隆　作曲：大瀧詠一

小沢健二 featuring スチャダラパー〈今夜はブギー・バック〉
　作詞・作曲：小沢健二・光嶋誠・松本洋介・松本真介

小田和正〈ラブ・ストーリーは突然に〉　作詞・作曲・編曲：小田和正

か

ガロ〈学生街の喫茶店〉　作詞：山上路夫　作曲：すぎやまこういち　編曲：大野克夫

きゃりーぱみゅぱみゅ〈にんじゃりばんばん〉　作詞・作曲：中田ヤスタカ

久保田早紀〈異邦人〉　作詞・作曲：久保田早紀

くるり〈ワンダーフォーゲル〉　作詞・作曲：岸田繁

ゲスの極み乙女。〈私以外私じゃないの〉　作詞・作曲：川谷絵音

ケツメイシ〈さくら〉　作詞・作曲：ケツメイシ

郷ひろみ〈2億4千万の瞳〉　作詞：売野雅勇　作曲・編曲：井上大輔

ゴールデンボンバー〈女々しくて〉　作詞・作曲：鬼龍院翔

さ

サカナクション〈新宝島〉　作詞・作曲：山口一郎

サカナクション〈忘れられないの〉　作詞・作曲：山口一郎

坂本九〈上を向いて歩こう〉　作詞：永六輔　作曲：中村八大

サディスティック・ミカ・バンド〈タイムマシンにおねがい〉
　作詞：松山猛　作曲：加藤和彦

ザ・ピーナッツ〈恋のバカンス〉　作詞：岩谷時子　作曲・編曲：宮川泰

編集協力　高橋諄、長谷川友美
図版作成　タナカデザイン

ドクター・キャピタル

音楽博士、ユーチューバー。一九七四年、アメリカ・オレゴン州生まれ。南カリフォルニア大学で音楽教授として教鞭を執るかたわら、邦楽のヒット曲を解説するユーチューブ動画を配信している。ミュージシャン、シンガー・ソングライターとしても活動中。アンジェラ・アキとの共作〈赤いライフジャケット〉を含むアルバム『You Are Love』をはじめ、数多くの音楽作品を発表している。

ヒット曲《きょく》のリズムの秘密《ひみつ》

インターナショナル新書〇九〇

二〇二二年八月一〇日 第一刷発行

著　者　ドクター・キャピタル
発行者　岩瀬 朗
発行所　株式会社 集英社インターナショナル
〒一〇一-〇〇六四 東京都千代田区神田猿楽町一-五-一八
電話 〇三-五二一一-二六三〇
発売所　株式会社 集英社
〒一〇一-八〇五〇 東京都千代田区一ツ橋二-五-一〇
電話 〇三-三二三〇-六〇八〇(読者係)
〇三-三二三〇-六三九三(販売部)書店専用
装　幀　アルビレオ
印刷所　大日本印刷株式会社
製本所　大日本印刷株式会社

 ISBN978-4-7976-8090-4 C0273

インターナショナル新書

062
プロデュースの基本　木﨑賢治
沢田研二から、BUMP OF CHICKENまで手がけた名音楽プロデューサーが伝授する、目から鱗、すぐに役立つあらゆる職種に応用自在の仕事術! 糸井重里さんが百冊以上買って、社内で配った名著。

105
「プランB」の教科書　尾崎弘之
激変する現代において、企業や国家の浮沈を決める鍵となるのは有効な「次の一手」を出せるかどうかだ! 日本企業が陥りがちな「集団思考」を抜け出して有効なプランBを発動させるためのヒントを満載した一冊。

106
鉄道ビジネスから世界を読む　小林邦宏
アフリカを走る「メイド・イン・チャイナ」の鉄道。その光景にはポスト・コロナ時代の世界ビジネスを読み解くヒントがある。日本は乗るべきか、降りるべきか?「次の駅」はどこだ!? 全ビジネスマン必読!!

107
独学の教室　読書猿、佐藤 優 ほか全14名
なぜ、我々は独学したいのか? 独学の意義と方法から、英語、ビジネス、美術、読書、ノート術、漫画、数学、物理学、はては冒険まで、多彩な執筆陣が寄稿。独りで学ぶことの魅力・意味を探る。